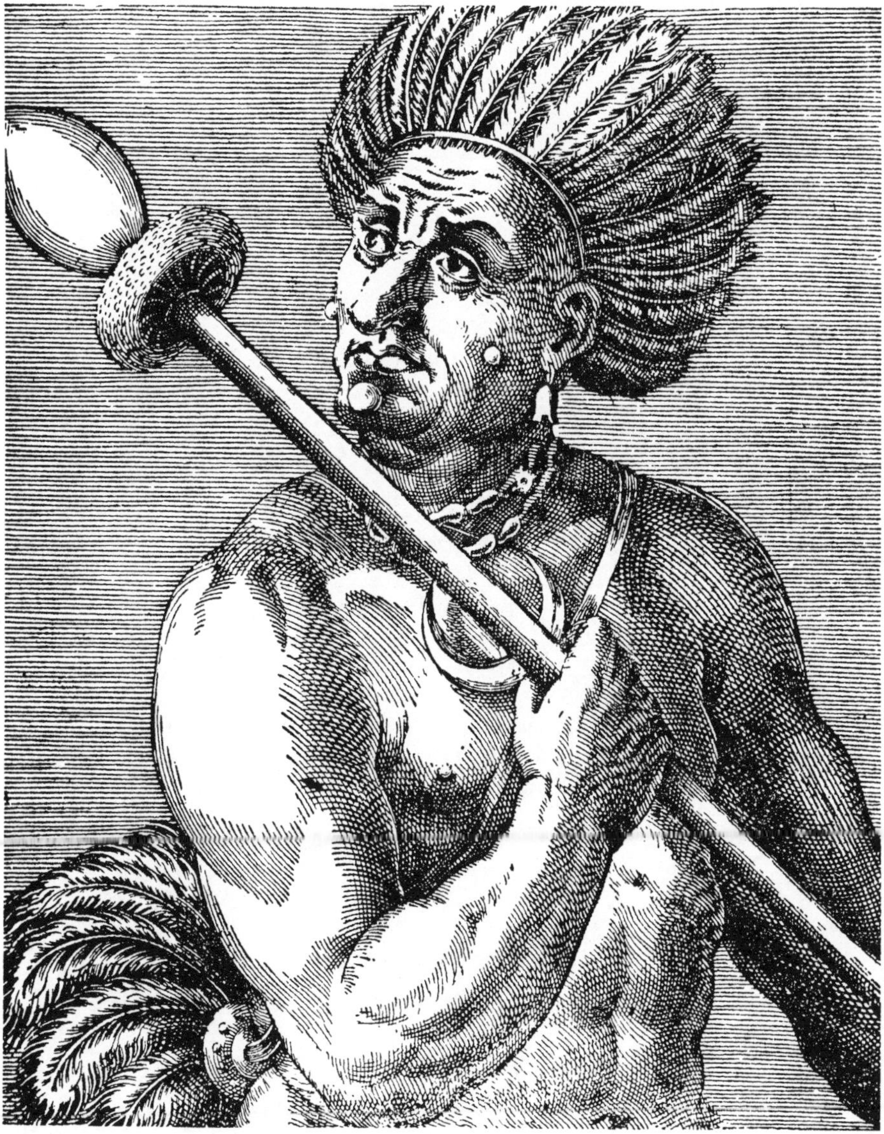

Obras do autor

UM CÃO UIVANDO PARA A LUA
Gernasa, 1972 / 3ª edição: Ática, 1979 / 4ª edição: Record, 2002.
Traduzido para o espanhol (Argentina).

OS HOMENS DOS PÉS REDONDOS
Francisco Alves, 1973 / 3ª edição: Record, 1999.

ESSA TERRA
Ática, 1976 / 15ª edição: Record, 2001.
Traduzido para o francês, inglês, italiano, alemão, holandês, hebraico e espanhol (Cuba).

CARTA AO BISPO
Ática, 1979 / 3ª edição: Record, 2005.

ADEUS, VELHO
Ática, 1981 / 5ª edição: Record, 2005.

BALADA DA INFÂNCIA PERDIDA
Nova Fronteira, 1986 / 2ª edição: Record, 1999.
Traduzido para o inglês. Prêmio de Romance do Ano do PEN Clube do Brasil (1987).

UM TÁXI PARA VIENA D'ÁUSTRIA
Companhia das Letras, 1991 / 5ª edição: Record, 2002.
Traduzido para o francês.

O CENTRO DAS NOSSAS DESATENÇÕES
RioArte/Relume-Dumará, 1996 – esgotado.

O CACHORRO E O LOBO
Record, 1997.
Traduzido para o francês. Prêmio *Hors-Concours* de Romance (obra publicada) da União Brasileira de Escritores (1998).

O CIRCO NO BRASIL
Funarte/Atração, 1998.

MENINOS, EU CONTO
Record, 1999.
Contos traduzidos para o espanhol (Argentina, México, Uruguai), francês (Canadá e França), inglês (Estados Unidos), alemão e búlgaro.

MEU QUERIDO CANIBAL
Record, 2000.
Traduzido para o espanhol (Espanha) e publicado em Portugal.

O NOBRE SEQUESTRADOR
Record, 2003. Publicado em Portugal.

PELO FUNDO DA AGULHA
Record, 2006.

Antônio Torres

Meu Querido Canibal

Romance

12ª edição

Vencedor do Prêmio Passo Fundo
Zaffari & Bourbon de Literatura, 2001.

EDITORA RECORD
RIO DE JANEIRO • SÃO PAULO

2016

CIP-Brasil. Catalogação na fonte
Sindicato Nacional dos Editores de Livros, RJ.

T643m Torres, Antônio, 1940-
12ª ed. Meu querido canibal / Antônio Torres. – 12ª ed.
– Rio de Janeiro: Record, 2016.

ISBN 978-85-01-05832-4

1. Cunhambebe (Chefe indígena tamoio), Século XVI. 2. Índios do Brasil – Primeiros contatos com a civilização. 3. Brasil – História. I. Título.

00-0278
CDD – 981
CDU – 981

Copyright © 2000 by Antônio Torres

Capa: Noguchi

Imagem da falsa guarda: estampa de Cunhambebe em *Les Vrais Portraits*, de André Thevet

Texto revisado segundo o novo Acordo Ortográfico da Língua Portuguesa.

Direitos exclusivos desta edição reservados pela
EDITORA RECORD LTDA.
Rua Argentina 171 – Rio de Janeiro, RJ – 20921-380 – Tel.: (21) 2585-2000

Impresso no Brasil

ISBN 978-85-01-05832-4

Seja um leitor preferencial Record.
Cadastre-se e receba informações sobre nossos lançamentos e nossas promoções.

EDITORA AFILIADA

Atendimento e venda direta ao leitor:
mdireto@record.com.br ou (21) 2585-2002.

Para Sonia,
por toda uma vida
como a personagem principal
da minha história particular.

I
O Canibal e os Cristãos

1

Era uma vez um índio. E era nos anos 500, no século das grandes navegações — e dos grandes índios.

Quando os brancos, os intrusos no paraíso, deram com os seus costados nestas paragens ignotas, não sabiam que eles existiam há 15 ou 20 mil anos e que eram mais de 5 milhões, dos quais pouco ou nada iria restar para contar a história.

Como os índios não dominavam a escrita, seu destino sobre a terra esfumaçou-se em lendas. Se sabemos alguma coisa a respeito deles, é graças aos relatos daqueles mesmos brancos, quase sempre delirantes, pautados pelo exagero e eivados de suspeição, num desvario tresloucado de que não está imune o narrador que vos fala (herdeiro do sangue e fábulas de uns e outros), ao recorrer às fontes d'antanho, os alfarrábios de um romantismo tardio, para postar-se, de peito aberto, como um extemporâneo neorromântico exposto às flechadas da história oficial, essa velha dama mui digna, aqui sujeita aos retoques da nossa indignação.

Há algo de lúdico nesta expedição, porém. O simples prazer de acrescentar alguns pontos a outros contos já contados.

Mas o que há de verdade é um herói cuja memória perdeu-se

no tempo, mesmo tendo demarcado um território e inscrito nele a sua legenda.

Ele foi um vencedor, embora não se possa dizer a mesma coisa de seu povo e dos heróis que o sucederam, exterminados inapelavelmente, como se sabe, numa carnificina abominável, quando foram servidos em banquete aos urubus, nunca é demais lembrar.

E passemos aos trabalhos.

2

O índio se chamava Cunhambebe.

Comecemos pelo seu nome, que quer dizer "língua que corre rasteira", em alusão ao seu jeito arrastado de falar, quase gaguejante. Simplificando isto: homem de fala mansa.

Não o imagine apenas um edênico bom selvagem — e nu, ainda por cima, sem nada a lhe cobrir as vergonhas etc. —, senhor das selvas e das águas, da caça e da pesca, a viver na era da pedra lascada, em paz com os homens e a natureza, um ser contemplativo debaixo de milhões de estrelas, e a mirar o céu para adivinhar sinais de tempestade.

Era um guerreiro.

Vamos situá-lo no tempo: a era da pedra polida. E no espaço — uma região paradisíaca que os brancos batizaram de Rio de Janeiro, ignorando os seus antigos nomes: Rio de Arrefens, Rio de Oriferis, Rio de Rama, Rio de Iaceo. Cunhambebe foi o senhor destas águas de sonho e fúria.

Sua nação chamava-se tupinambá, o que significa filho do Pai Supremo, povo de Deus, ou numa versão mais provável: filho da Terra.

E este povo chamado tupinambá era oriundo do grande tronco tupi-guarani. Habitava o litoral brasileiro desde a embocadura do

Amazonas até o Rio da Prata. Estabeleceu-se no Rio de Janeiro, Bahia e Maranhão, em substituição a outras tribos, muitos séculos depois que os primeiros povos indígenas começaram a descer em ondas o continente americano, através do Estreito de Bering, ou, noutra hipótese, que indivíduos vindos da Austrália, Tasmânia e Nova Zelândia povoaram a América do Sul, a partir da Terra do Fogo, onde penetraram margeando as geleiras da Antártica, as ilhas Shetland e o Cabo Horn. O Novo Mundo dos brancos já tinha por dono um velho povo.

O índio chamado Cunhambebe era o mais valente do lugar. Vivia em guerra permanente contra os seus vizinhos, como os tupiniquins, em violentas batalhas pela defesa do seu espaço ou de vingança familiar. Não levava desaforo para casa nem engolia uma desfeita. Crime algum contra os seus ficava impune. Justiçava os inimigos com impressionante crueldade. E os devorava.

Aí chegaram os portugueses, vomitando fogo, com o firme propósito de tomar a terra na marra e escravizar os seus donos.
Cunhambebe enfureceu-se. E fez a terra tremer.
Associa-se o significado do seu nome ao fato de ele ter sido um hábil negociador nos momentos das grandes decisões, levando todos os seus interlocutores na conversa, como a mais ladina das raposas políticas. Parodiando um verso do poeta pernambucano João Cabral de Melo Neto, a respeito do falar sertanejo, a fala, a nível de Cunhambebe, enganava. Seus dotes parlamentares incluem-se entre as qualidades que o tornaram o maior, o mais forte, o mais temido chefe indígena brasileiro, imbatível nas artes da guerra. Nunca deu trégua aos portugueses.

3

Um gênio militar, digamos logo. Com suas armas rudimentares — flechas, arcos e tacapes —, enfrentava canhões, dos quais escapava ileso. E realizava uma proeza ainda mais espantosa: retornar da batalha com um canhão debaixo de cada braço, desapropriado de uma embarcação recém-chegada de Portugal. Para tanto, usava a estratégia de abordar as galés e caravelas dos invasores com esquadrilhas de canoas, atacando no silêncio da madrugada, de surpresa, trucidando quem encontrasse pela frente. Foi o inventor de uma espécie de guerrilha marítima, com canoas leves, ou igaras, feitas com a casca de uma árvore imensa chamada *ygá-ibira*, e que deslizavam na água com muita velocidade. Costumava atacar com 30 canoas, cada uma carregando 40 guerreiros. Os portugueses entravam em pânico ao ouvir o nome dele. E não era para menos. Sabiam de quem estavam falando. Cunhambebe nunca lhes permitiu contar vantagens.

Já os franceses preferiram, espertamente, tornar-se seus amigos. Mais diplomáticos e menos ambiciosos, ou, pelo menos nos primórdios de suas invasões, com interesses diferentes, acharam melhor tratar de negócios do que de guerra. Umas certas traficâncias e piratariazinhas, a que davam um sentido de escambos. Assim: trocavam utilidades da civilização europeia — machados, foices, martelos, facões, anzóis, os famosos espelhinhos e perfumes — pelas preciosidades da terra, como o pau-brasil, chamado pelos índios de ibirapitanga, o pau de tinta, tão grosso que três homens não lhe abraçariam o tronco, e que fornecia a tinta vermelha com que os nativos pintavam o corpo. O pau-brasil, que deu o nome definitivo a este nosso país — na hipótese mais corrente —, tornou-se a mais afamada árvore das patacas, uma cobiçada madeira a enfeitiçar os brancos.

E mais: pimenta, algodão, aves exóticas e suas vistosas plumagens. Nessas permutas, levavam até indiozinhos para serem educados à moda francesa e depois se casarem com as suas filhas. Muitos deles eram levados como *souvenirs* da terra exótica para o rei, que por sua vez os dava de presente aos magnatas.

Justiça se lhes faça: deslumbraram-se com a terra e os seus habitantes, um povo expulso do Gênesis, na visão idílica daqueles primeiros viajantes.

Para os franceses, a vida selvagem, com toda a sua liberdade de costumes e a carne morena das fogosas cunhãs, nuinhas em folha e com os pelos pubianos raspadinhos, era uma festa permanente. Sol, sexo, mar e selva. Eta vida boa.

Este cenário tão excitante, para quem chegava depois de meses e meses de tormentas na penosa travessia do Atlântico, era o prêmio justo para o viajante solitário. Recebia-o em êxtase, enchendo a cara de cauim — a birita dos índios — e caindo na farra. Imagine a esbórnia. Bárbara. Deve datar desse tempo a fama de que os franceses não foram feitos para a guerra, mas para a cama e a mesa.

Eles vinham de uma Europa abastada e perseguidora, corrompida pelas guerras religiosas, a inquisição, a fome, as pestes. Depois de séculos de predomínio do feudalismo, essa velha Europa ensanguentada conhecia novos tempos da ciência, da técnica e do capitalismo comercial. Os seus príncipes e padres já não ganhavam tanto em impostos da terra quanto os comerciantes com os seus negócios. O cisma da Igreja, com a Reforma iniciada por Lutero e seguida por Calvino, instigava uma contraofensiva apostólica, o que deu na fundação da Companhia de Jesus. Os católicos passavam a ver no protestantismo a capa religiosa do capitalismo emergente. E os jesuítas surgiam como o exército de Deus contra a heresia luterana judaizante.

Mas é preciso dizer, a propósito da Reforma, que ela foi apressada pela gestão belicosa e corrupta do papa Alexandre VI, o dissoluto, cujo nome civil era Rodrigo Borgia (oriundo de Borja, na Espanha), o pai da célebre Lucrécia, duquesa de Ferrara, e de César, o cardeal, político e militar. Em 1492, com o apoio financeiro dos reis católicos Fernando e Isabel, Rodrigo Borgia comprou o seu cargo de Sumo Pontífice, que exerceu até morrer, em 1503.

Já no primeiro ano de pontificado, Alexandre VI pagou com juros, bônus e dividendos altíssimos aos que investiram no seu título de papa. Em 4 de maio de 1493, ele deu o maior presente do mundo aos "ilustres filhos, caríssimo em Cristo, rei Fernando, e caríssima filha em Cristo, Isabel, rainha de Castela, Leão, Aragão, Sicília e Granada". O mimo era uma bula, intitulada *Inter Cœtera*. E correspondia à primeira escritura transatlântica, a maior de todos os tempos, lavrada em Roma, "junto a São Pedro", atribuindo à Espanha todas as ilhas e terras firmes descobertas e por descobrir, em direção à Índia ou qualquer outra parte, fazendo-se uma linha desde o Polo Ártico até o Antártico etc. De mão beijada, doava aos reis católicos não só as terras mas também os habitantes e moradores achados e ainda a serem descobertos.

Tudo pela expansão da religião cristã. Em nome de Deus, de quem se dizia "o servo dos servos", Alexandre VI prescreveu em sua bula algumas recomendações: a salvação das almas, abatendo-se as nações bárbaras e reduzindo-as à fé católica. Pronto. Estava traçado o destino dos silvícolas das Américas.

O pontificado de Alexandre VI — um papa mais temporal do que espiritual — provocou uma pregação profético-messiânica de restauração moral e combate ao anticristo, o que ele mesmo, o próprio sumo pontífice, encarnava, segundo o pré-reformista florentino Savonarola, seguidor do abade calabrês Joaquim de Fiori, criador do movimento milenarista, que pregava o Reino de Mil Anos de felicidade e a preparação para a batalha final entre o Cordeiro e a Besta, antes do Juízo Final. Foi um tempo de muitas perturbações na Itália, sob as cinzas dos desastres políticos de Piero de Medici, em Florença. Mas Alexandre VI não caiu do trono. Condenou Savonarola à fogueira e pontificou até a morte.

Problema religioso era o que não faltava à Europa no limiar dos anos 500 e por todo o século XVI. Às perseguições, de origem econômica e política, que resultavam nas diásporas judaicas — sem se falar dos mouros, expulsos da península ibérica a pedradas e azeite quente —, iriam se somar as guerras entre católicos e protestantes. Por trás de tudo, as mesmas causas, relacionadas com a reorganização da riqueza monárquica e a centralização das cortes. Na verdade, mesmo no apogeu do Renascimento, que cultuava o humanismo, a Europa estava longe de ser um mundo de entendimento entre os homens. Ao Renascimento opunha-se o Contrarrenascimento. À Reforma, a Contrarreforma. Em discussão: o absolutismo do rei e a infalibilidade do papa. Junte-se a isso uma questão capital. O território europeu se tornara pequeno demais para tantos príncipes, padres, ministros da Igreja reformada e comerciantes. E estes iriam falar mais alto: queriam novas terras e novos mercados para se expandir. Já conheciam a pólvora, transformada em instrumento de dominação; a bússola, para guiá-los nas aventuras ultramarinas; a imprensa, propagadora da palavra de Deus, através da Sagrada Escritura, e que iria dar conhecimento das conquistas dos homens, celebrizando-as à posteridade. E a ciência já tinha provado que a terra era redonda e circunavegável. A palavra de ordem: navegar. O Estado fez-se o principal empresário das navegações e grande cliente dos comerciantes. Tornouse o maior empregador, associado ao poder onipresente da Igreja.

É nesse quadro e numa ponta dessa Europa que surge o Tratado de Tordesilhas, assinado na vila espanhola de mesmo nome, no dia 7 de junho de 1494, entre os futuros donos dos mares, Espanha e Portugal. Foi um acordo de cavalheiros, que estabelecia por quais águas cada um poderia navegar. Portugal já era bom nisso: atingira o Cabo Bojador em 1434, chegara à foz do Congo em 1483 e dobrara o Cabo da Boa Esperança em 1487. E a Espanha não ficava atrás — já tinha até descoberto a América. Sentaramse à mesa e demarcaram os caminhos de cada um no mundo. Um deles veio dar no Brasil, para o azar dos que aqui já viviam.

Singrando os mares dantes singrados por espanhóis e portugueses, os franceses também navegaram. E aqui chegaram.

Alguns desses navegantes não iriam retornar, nem amarrados. Tornaram-se selvagens. Viam na luz tropical o que um Calvino diria ser uma centelha da glória de Deus. Estonteavam-se. Contemplavam a abundância de luz, a extensão e amplidão da terra, águas e selvas como se estivessem diante de uma obra-prima do Universo. Descobriam, maravilhados, os perfumes da floresta, em sua atmosfera impregnada de aromas e sabores atordoantes. Deleitavam-se com a farinha de mandioca, o feijão, o milho, o amendoim, a abóbora, a pimenta, a banana, o ananás, o caju, a mangaba, o mamão e o tabaco. E cobriam as índias de pele exótica, genuínas filhas de Eva, selvagemente. Enquanto isso, os silvícolas, no convívio com esses brancos epicuristas e priápicos, iam-se civilizando.

4

Até eles chegarem, os índios não sabiam que eram índios. Ou antes: não eram índios nem nada. Eram só um outro povo.

Foi o primeiro branco que pôs os pés na América (o famoso genovês de tanta glória e triste história) que os chamou assim. Tudo começou com um equívoco ou uma sucessão de acasos, como as professorinhas primárias sempre nos ensinaram, através dos tempos. Ele achava que estava chegando à Índia, a ambicionada terra do ouro. Poucos anos depois, movido pela mesma ambição mas contrariado pela calmaria no mar-oceano, o português Pedro Álvares Cabral, outro de glória eterna e destino infeliz, iria bater também em costas inversas ao seu intento. O sonho dos brancos era descobrir metais, reluzentes riquezas, e não homens rudes, selvagens. Mas não se arrependeram da viagem. Além de terem sempre com que encher os seus navios, deixaram provas de que os índios não eram uns bichos irracionais, como acharam à primeira vista, principalmente os portugueses, que se apressaram em classificar a mente indígena de "tábula rasa" ou de uma folha de papel em branco. Não viam os nativos como seres pertencentes à raça humana. Tratavam-nos como animais de carga ou feras selvagens, a serem abatidas a tiros. Nem mesmo a bula *Universibus Cristi fidelibus*, expedida pelo papa Paulo III, em 28 de maio de 1537, declarando que os índios da América "eram homens como os demais, com o direito à sua liberdade e a possuir e gozar os seus bens ainda que não estivessem convertidos", viria a demover os portugueses em sua sanha predatória. Justificavam-na alegando que os silvícolas eram burros e broncos, crença que de alguma maneira perdura até hoje, como a confirmar a teoria de Einstein, de que é mais fácil destruir um átomo do que um preconceito.

Os indígenas do Brasil começaram a conhecer o inferno em 1500 mesmo. Foi quando o espanhol Vicente Yañez Pinzón pegou à força 36 deles, nas costas do Amapá, e os levou escravizados para a Europa, deflagrando assim o primeiro ato de violência de europeus contra índios brasileiros. Nesse mesmo ano, Pedro Álvares Cabral alicia três tupiniquins de Porto Seguro (Bahia) e os envia para Portugal, como prova do descobrimento da "Ilha de Vera Cruz". Em 1504, o carijó Içamirim é embarcado para a França para dar origem aos mamelucos da Bretanha. Em 1511, a nau *Bretoa* leva de Cabo Frio para Portugal 36 índios escravizados. E por aí vai, ano a ano. E era apenas o começo de um processo de escravatura e dizimação que varreu da terra 1 milhão de nativos a cada século.

O inferno indígena iria ficar ainda mais diabólico com a criação das Capitanias Hereditárias, que transformaram o país em imensos feudos, do litoral até a linha imaginária de Tordesilhas. Nos forais das donatarias, de 1534, o rei de Portugal autorizava os capitães-donatários a escravizar os índios indiscriminadamente, e a enviar uma certa quantidade deles para Lisboa, anualmente. O governo da Metrópole permitia também a compra de índios aos próprios índios, como resgate, o que se tornou o mais rendoso negócio lusitano nestas plagas, àquela época.

E não nos esqueçamos dos famosos bandeirantes. A primeira

bandeira de caça aos índios do Anhembi (Tietê) saiu de São Paulo em 1561, tendo o padre José de Anchieta como intérprete. Rememorando: as entradas e bandeiras eram expedições organizadas pelas autoridades ou particulares, com o fim de desbravar os sertões pelo país adentro e afora, capturando e massacrando silvícolas, do Amazonas ao Rio da Prata, ou em busca de ouro. Forçaram fronteiras ao sul e a oeste, invadindo missões espanholas. Partindo sempre de algum ponto do litoral, exploraram o interior da segunda metade do século XVI aos inícios do século XVIII. Em 1651, já contabilizavam o assassinato de 300 mil guaranis.

Entre os bandeirantes, houve um que se destacou especialmente pela crueldade. Chamava-se André Fernandes. Em 1637, ele invadiu o Rio Grande do Sul, capturando a aldeia de Santa Teresa, com mais de 4 mil habitantes, e mandou assolar toda a região do Ijuí. Nesse assalto, os índios adultos foram degolados com espadas, machetes e alfanjes. E as crianças foram rachadas em duas partes, abrindo-se-lhes as cabeças e despedaçando-lhes os membros. A bula do papa Alexandre VI teve desdobramentos de que até Deus poderia duvidar. E que a do papa Paulo III não iria conseguir impedir.

Nem burros, nem broncos. Muito pelo contrário. Eram inteligentes, argutos e raciocinavam com muita lucidez. Comprova-o o diálogo a seguir, entre um índio e um francês:

O índio: — Por que vocês e os portugueses vieram de tão longe para buscar madeiras? A terra de vocês não dá tantas para queimar?

O francês: — Dá e em grande abundância. Mas não deste gênero de árvores que vocês têm, principalmente os brasis, que não servem para queimar, como vocês pensam, mas para tingir, como vocês fazem com os fios escarlate e penas, e outras coisas.

O índio: — E vocês precisam de tão grande quantidade de madeira?

O francês: — Sim. Há na nossa terra um mercador que possui muitas penas escarlate, facas, tesouras e espelhos, mais do que nós temos trazido. Só ele compra todo o brasil, ainda que dele fossem carregados muitos navios.

O índio: — Você está me contando coisas admiráveis, muito mais do que tenho ouvido. Agora, me diga: este homem tão rico não morre?

O francês: — Morre, assim como os outros homens.

O índio: — E morrendo, para quem ficam os seus bens?

O francês: — Para os filhos, se os tem. Se não, para os irmãos e irmãs, ou os parentes mais próximos.

O índio: — Eu os advirto, franceses, que vocês são muito loucos. De que lhes serve fatigarem-se tanto, atravessando os mares, e, para vencê-los, passarem por tantos males, como vocês mesmos têm contado, a buscar riquezas para deixar para os filhos que haverão de sobreviver a vocês? A terra que lhes sustenta não bastará também para sustentar a eles? Nós também temos filhos e parentes, como vocês têm, e os amamos muito. Porém, confiamos certamente que, depois da nossa morte, a terra que nos sustentou também os há de sustentar da mesma forma. E nisso descansamos.

A lição de moral entrou por um ouvido e saiu pelo outro. Os franceses não descansavam na sua busca de madeira — e prazeres. Sem que isso, no entanto, causasse entraves nas suas relações com os nativos.

5

Invejosos da aliança entre franceses e tupinambás, que atrapalhava os seus planos de ocupação definitiva e domínio da terra recém-achada, os portugueses entraram em polvorosa. E começaram a enfrentar os franceses com uma guerra de palavras pior do que briga de vizinho. O padre José de Anchieta, o jesuíta a serviço d'el rei, com uma cruz numa mão e uma espada na outra, foi um dos principais intérpretes desse sentimento:

"A vida dos franceses que estão neste Rio é já não somente apartada da Igreja Católica" — escreveu ele à Corte, em Lisboa —, "mas também feita selvagem; vivem conforme aos índios, comendo, bebendo, bailando e cantando com eles; pintam-se com suas tintas pretas e vermelhas, adornando-se com as penas dos pássaros, andando nus às vezes, só com uns calções, e finalmente matando contrários, segundo o rito dos mesmos índios, e tomando nomes novos como eles, de maneira que não lhes falta mais que comer carne humana, que no mais sua vida é corruptíssima..."

Outra lição de moral que não iria surtir o menor efeito. Até porque o salvador das almas falava menos em nome de Deus do que no dos interesses lusitanos.

Estranho padre: defendeu a "guerra justa" contra os hereges

(os índios rebeldes à catequização), pondo em prática a tese que o dominicano Juan Ginés de Sepúlveda apresentara em uma reunião do Concílio de Trento realizada em Valadolid, na Espanha, em 1550, defendendo a servidão natural dos selvagens e a justiça do extermínio deles. Se a crueza da tese era chocante, a ponto de dividir o mundo católico, por outro lado desmascarava uma hipocrisia: isso já vinha acontecendo onde a fé cristã havia sido levada pelos conquistadores. Na condição de bárbaros infiéis, aos silvícolas só restava a entrega voluntária de seus territórios e a sujeição ao trabalho forçado, pacificamente. Ou isto, ou a guerra e o extermínio.

Tal predição, aliás, já estava na bula do papa Alexandre VI, de 1492: "... sujeitar a vós (os reis católicos e, por extensão, a Portugal), por favor da Divina Clemência, as terras firmes e ilhas sobreditas, e os moradores e habitantes delas, e reduzi-los à Fé Católica". No Brasil, as "guerras justas" começariam para valer com a instalação do governo-geral na Bahia e a chegada dos jesuítas, chefiados pelo padre Manuel da Nóbrega, em 1549. E iriam ter em Anchieta um fervoroso defensor. Quando se descobria impotente na sua missão evangelizadora, proclamava aos ouvidos de seus superiores civis, militares e eclesiásticos que a melhor catequese eram a espada e a vara de ferro.

6

Voltemos a Cunhambebe, o índio amigo dos franceses, amizade, aliás, que resultaria no triângulo nada amoroso com os portugueses. Mas que levou os franceses a tornarem-no lendário europas afora. O frade André Thevet, por exemplo, não economizou encômios, chamando-o de grande rei selvagem, o mais temido de todo o país, e de homem com grandes brilhos de virtude ocultos por trás de sua enorme brutalidade. Esse frade esteve no Rio de Janeiro, onde desembarcou no dia 14 de novembro de 1555, permanecendo dois meses e vinte dias.

Ele veio na comitiva de Villegagnon, que chegou com dois navios e 400 homens — a maioria arrebanhada nas prisões de Paris e Rouen —, instalando-se numa ilha que os índios chamavam de Seregipe, fortificando-a logo ao chegar. Esta ilhota, que ainda tem o nome dele, continua no mesmo lugar, embora não pareça: a terra avançou mar adentro, em sucessivos aterros, colando-a à cabeceira da pista do aeroporto Santos Dumont. Hoje abriga a Escola Naval. E é um marco da cidade: serviu de piso para o primeiro assentamento de europeus no Rio de Janeiro.

Tão logo pôs-lhe os pés, o franciscano André Thevet tratou de dizer a sua missa, abençoando os passos e os futuros desatinos de seu comandante em chefe. Foi na Ilha de Villegagnon que a França, pela primeira vez, sonhou em conquistar o Brasil.

    Ficou só no sonho. Villegagnon, no entanto, entrou para a história, ainda que no papel de triste figura.

7

Nome: Nicolas Durand de Villegagnon.
Curriculum vitae — Vice-almirante da Bretanha e cavaleiro de Malta. Homem culto, hábil marinheiro, valente soldado, engenheiro e diplomata. Encheu a Europa e a África com o barulho dos seus feitos. Veterano das guerras contra Barba-Roxa, vencedor de César de Nápoles e herói do rapto de Maria Stuart, no interesse da realeza francesa nas disputas com a Inglaterra. Numa ação ao estilo dos contos de fadas, ele agiu a serviço, ao mesmo tempo, do rei e de Cupido: foi o encarregado de levar a princesa escocesa para a França, para que ela se casasse com o príncipe herdeiro François II, filho daquele que iria entrar na História do Brasil, e graças ao próprio Villegagnon, Henri II.

Mesmo com toda essa invejável folha corrida, ele viria a cair em desgraça junto à coroa, por rivalidades com o capitão do castelo de Brest, de quem Henri II era mais simpático. Villegagnon aproveitou os conflitos religiosos na Europa, em consequência da Reforma da Igreja, para dar a volta por cima.

O momento não poderia ser mais oportuno. Mergulhada em suas trágicas lutas intestinas, entre católicos e huguenotes, como os calvinistas eram chamados depreciativamente, e que culminariam mais tarde na sangrenta noite de São Bartolomeu, inspirada por Catarina de Medici no reinado de seu filho Carlos IX, a França estava mesmo precisando de quem acendesse uma vela em sua escuridão. Villegagnon teve uma ideia luminosa. Procurar, longe da Europa, um refúgio para os calvinistas, caso eles tivessem que ser expatriados. Estrategicamente, o Rio de Janeiro caía à perfeição no mapa de suas pretensões. Aí poderia fundar uma França americana, pacificamente, pois poderia contar com a simpatia dos indígenas, já conquistada pelos contrabandistas franceses. Apresentou o seu projeto ao almirante Gaspar de Coligny, um chefe huguenote e com poder de influência junto ao rei Henri II. E recebeu carta branca para realizá-lo. Pegou os navios, tropa, mantimentos e dinheiro e fez-se ao mar dos descobridores portugueses e dos piratas seus compatriotas.

Jean de Léry, expedicionário calvinista de segunda hora à colônia brasileira de Villegagnon (chegou em março de 1557), conta como foi isso, em seu livro *Viagem à Terra do Brasil*:

"Em 1555, um senhor Villegagnon, cavaleiro da Ordem de Malta, também conhecida por Ordem de São João de Jerusalém, desgostoso da França e também da Bretanha, onde residia então, manifestou a vários personagens notáveis do reino o desejo, que há muito alimentava, não só de retirar-se para um país longínquo onde pudesse livremente servir a Deus, de acordo com o evangelho reformado, mas ainda preparar um refúgio para todos os que desejassem fugir às perseguições, que de fato eram tão terríveis nessa época que muitas pessoas de todos os sexos viam por toda a parte seus bens confiscados por motivos religiosos e eram, mesmo, não raro, queimadas vivas em obediência a éditos dos reis e decisões do Parlamento. Dizia ainda Villegagnon aos que o rodeavam, e o escrevia a seus conhecidos, que ouvira falar tão elogiosamente dessa parte da América, chamada Brasil, que de bom grado para aí faria vela, a fim de alcançar os seus desígnios. E desse modo, e com tais pretextos, conseguiu a boa vontade de alguns fidalgos adeptos da religião reformada e que, dotados dos sentimentos que Villegagnon demonstrava, desejavam encontrar semelhante retiro. Entre estes figurava o finado senhor Gaspar de Coligny, de feliz memória, almirante de França, que, bem-visto e acatado do rei Henri II, então reinante, representou que se Villegagnon fizesse a viagem poderia descobrir muitas riquezas e outras coisas de proveito para o rei. Em vista disso, mandou o soberano que lhe dessem dois bons navios aparelhados e providos de artilharia, além de 10 mil francos para as despesas de viagem."

Depois de quatro meses de tormentas e toda espécie de dificuldades, Villegagnon desembarcou no Rio sem contrariedades. Conforme o previsto, os nativos não lhe criaram obstáculo algum. Suas primeiras providências: construir uma fortaleza e rebatizar a ilha Seregipe com o nome de Forte Coligny, em honra a seu protetor, o almirante amigo do rei. Viu os índios como "bestas de aparência humana", bichos em forma de gente. Ainda assim, mostrou-se habilidoso no trato com eles. Problemas mesmo viria a ter com os seus próprios comandados, para os quais não demoraria a revelar uma outra face: a de um homem contraditório e perturbado. E chegou a beirar o ridículo, quando projetou converter o Rio de Janeiro numa França Antártica, como se o Polo Sul estivesse em plenos trópicos. Num delírio de grandeza, autoproclamou-se vice-rei da França no Brasil. O projeto insólito previa desdobramentos igualmente bizarros: o Rio passaria a se chamar Henriville, em homenagem ao rei Henri II. Mesuras de quem precisava consolidar o próprio prestígio e assegurar-se do ambicionado vice-reinado. Mas não foi só por isso que os seus quatro anos de aventura "antártica" resultaram num fragoroso desastre.

Em rápidas pinceladas, tracemos o seu tosco retrato: Villegagnon era um homem austero, muito rígido, que implantou na Ilha uma férrea disciplina; que deixou de ser católico para tornar-se calvinista, voltando depois ao catolicismo; que, além de trazer para a sua colônia católicos e calvinistas, iria, pouco tempo depois de instalado no Rio, escrever a Calvino rogando-lhe o envio de ministros protestantes e outros reforços para a propagação de sua doutrina no Novo Mundo; que, logo aos primeiros contatos com os religiosos enviados de Genebra por Calvino, entrou em conflito com eles, em discussões tão intolerantes quanto as que estavam ocorrendo na Europa; que, nestas exaltadas querelas, acabou por expulsar os calvinistas e estrangular e jogar ao mar alguns deles, como os chamados Bourdel, Verneuil e Bourdon, que passaram à história como os primeiros mártires protestantes do continente americano; que, em nome de seus rígidos princípios religiosos, proibia os pastores de se casarem pela segunda vez, e todos os homens confinados na ilha de qualquer contato físico com as índias; que castigava os que lhe desobedeciam, acorrentando-lhes as pernas e condenando-os ao trabalho escravo, com ameaças de enforcamento; que tratava brutalmente as índias seduzidas pelos seus próprios soldados, cravando-lhes as polpas desnudas a ferro e fogo, deixando-as marcadas para sempre; que provocou um levante quando o seu sobrinho Bois le Comte chegou da França trazendo um novo contingente de colonos, entre eles cinco mulheres, as primeiras brancas a desembarcarem no Rio de Janeiro, causando um imenso alvoroço, o que levou Villegagnon a providenciar o casamento de todas elas com cinco felizardos escolhidos a dedo.

Esta decisão gerou, como protesto, uma fuga em massa dos colonos — imagine a agitação daquela tropa confinada em severa castidade: só lhe restava deixar Villegagnon entregue à sua empedernida austeridade, e buscar a liberdade das selvas e o consolo de fogosas entranhas humanas. Eram prisioneiros que viviam espevitados diante de tanta carne nua nas franjas da fortaleza. Preferiram fugir da ilha austera para ganhar a vida ardente das matas. Foram às índias.

Villegagnon ficou a ver navios e a contemplar o naufrágio da França Antártica.

Foi o seu fim. Voltou à Europa, em 1559, para prestar contas de seus desatinos. Ainda não se dava por vencido. Aproveitaria a viagem para tentar a reconquista do apoio de seus protetores e conseguir reforços. Mas lá, como cá, ninguém o levava mais a sério. Não retornaria ao Rio. E ninguém mais teve notícias dele.

Sua falha trágica: medir forças — e logo ao sul do equador — com uma natureza luxuriante, em incontrolável cio. Homem preso a ferrenhos códigos religiosos, pecou por querer sobrepor-se à única lei do Novo Mundo — a dos instintos. Acabou amargando um fracasso transatlântico para o resto de seus dias, sobrevividos em casto ostracismo. À História, porém, caberia outorgar-lhe um prêmio de consolação, ao inscrever em sua tumba um feito inquestionável: foi ele, o malfadado Villegagnon, quem assentou a primeira colônia francesa no Brasil. Se não chegou a construir uma cidade, pelo menos pôs-lhe um marco, com isso despertando o interesse dos portugueses, que antes não viam futuro no Rio de Janeiro, onde a princípio só enxergaram pimenta e nada mais que lhes importasse, pois, mercantilistas como eram, só estavam interessados em desbravar os sertões, em busca de ouro.

Nicolas Durand de Villegagnon viria a merecer também, em seu tempo, um mimo que passaria à posteridade com o fascínio e a inconfiabilidade das lendas. Conta-se que Cunhambebe e os da sua tribo tratavam-no por "Pai Colás", ou Corá. Com tantos desafetos à sua volta, entre os da sua própria estirpe, dir-se-ia que afinal encontrou junto aos bárbaros um respeito afetuoso.

Confiável ou não, há outra história sobre ele, esta a manchar-lhe o currículo religioso. O severíssimo fiscal das relações sexuais, carcereiro impiedoso de homens e mulheres de pifaroto aceso, teria acabado por se deixar cair nas tentações tropicais, poluindo a sua alma em intercursos carnais com as fogosas cunhãs, o que tanto proibira aos outros.

Incontestável mesmo é que a colônia de Villegagnon criou novas expectativas, instigou o espírito competitivo dos portugueses: afinal, haviam chegado primeiro. Tinham que lutar pela posse definitiva da terra, limpando a área e mandando os seus competidores europeus de volta, à força. Essa briga de brancos iria se transformar num inferno para os índios. Eles viriam a pagar caro pelas fortalezas que os franceses de Villegagnon construíram, muitas delas por recomendação de Cunhambebe, um insuperável estrategista em assuntos de guerra e o seu índio amigo, fornecedor de farinha de mandioca, que salvou a colônia francesa da inanição e da morte.

Se os que aportaram antes, a partir de 1503 ou 1504, eram aventureiros chegados a uma pândega (com mulher e negócios no meio, naturalmente), não se constituindo numa ameaça explícita, o mesmo não se podia dizer de Villegagnon, um comandante militar bem armado, cheio de medalhas de guerra no peito.

Ao contrário dos pândegos pequenos piratas (os grandes, como François Duclerc e René Duguay-Trouin, chegaram dois séculos depois, em 1710 e 1711, para arrasar tudo, principalmente o último), Villegagnon estava em missão oficial, representava os interesses do reino. Não era um aventureiro pé-sujo da iniciativa privada, como os outros. Sua presença no Rio inaugurava para os portugueses um novo tempo, de cobiça e fogo. Passaram a investir pesado na tomada e colonização do Rio.

Quando começaram a atacar maciçamente (e isso a partir de

1560), Villegagnon já tinha ido embora. Deixou o seu sobrinho Bois le Comte no comando de uma colônia já com muitas baixas e deserções, graças aos desacertos do próprio tio, apelidado de Caim da América, e que morreu em Beauvais, a 9 de janeiro de 1571, aos 61 anos de idade, mal de vida e indisposto com todos os parentes, que nada aproveitaram de seus bens. Por falar nisso, bem que na sua tumba poderia constar como epitáfio a predição de um velho índio: "Eu os advirto, franceses, que vocês são muito loucos."

⁂

Os portugueses chegaram fortemente armados, sob o comando de Mem de Sá, que veio da Bahia ajudado por um desertor francês do Forte Coligny chamado Jean Cointa — o senhor de Bolés —, um espertalhão que mais tarde acabaria se dando mal. Acusado de heresia pelos jesuítas, foi condenado ao cadafalso por aqueles a quem se aliara. E teve uma morte horrorosa. Por imperícia do carrasco, a forca não funcionou como devia: o nó que lhe apertava a garganta não conseguiu matá-lo, deixando-o apenas agonizante. Coube ao "Apóstolo do Brasil" José de Anchieta (*presumivelmente*) dar-lhe o golpe de misericórdia, ao assumir o lugar do carrasco e pôr fim à vida do trapaceiro Jean Cointa, o João de Bolés.

Encarregado por D. Catarina, que reinava em nome de seu neto D. Sebastião, o rei desaparecido numa guerra na África, Mem de Sá tinha ordens de expulsar os franceses do Rio de Janeiro e lançar os fundamentos de uma cidade.

Ao chegar, não atacou o forte. Preferiu despachar um ultimato a Bois le Comte e esperar a resposta. Queria que ele se rendesse, sem luta. Alguns dos franceses que ainda restavam na ilha, temerosos de um massacre, não esperaram pela decisão de Bois le Comte. Fugiram para o continente, embrenhando-se no mato. E os tupinambás estavam longe do litoral, guerreando no planalto de Piratininga, contra outros portugueses, que naquelas bandas ao sul passavam a contar com um aliado de peso, o chefe indígena Tibiriçá, que viria a ser odiado como o mais vil dos traidores. Encurralado e desguarnecido, o sobrinho de Villegagnon se renderia dois dias depois, em 15 de março de 1560, fugindo para a França e levando junto os franceses que conseguiu arrebanhar.

Os portugueses desembarcaram, assaltaram os canhões e demais armamentos, prenderam os franceses que encontraram, incendiaram e depredaram o Forte Coligny, deixando-o completamente arruinado. Fizeram mais do que reduzir o projeto da França Antártica a cinzas: destruíram a aldeia chefiada por outro índio lendário, chamado Aimberê, e levaram a sua jovem e bela mulher, Iguassu, puxando-a pelos cabelos.

Cunhambebe já não estava mais na área quando isto aconteceu. Ele morreu em 1557. Já não podia fazer mais nada. Mas ainda restava a sua legenda, como o grande nome da história desse tempo e o mais emblemático personagem dessa história.

8

Um tempo que teve entre os seus cronistas o frade francês André Thevet Angoumoisin, espécie de Pero Vaz de Caminha de Villegagnon a serviço dos tupinambás, que se encantou com os bichos selvagens — mais do que com os homens —, como os tatus, a ponto de dizer que era a carne mais delicada que provara na vida; que descobriu o nosso fumo, levando-o para a Europa, mas não mereceu os louros da descoberta — por um equívoco inexplicável, ela foi atribuída ao embaixador da França em Portugal à época, Jean Nicot: daí a palavra nicotina, *nicotiana tabacum* — vem de Nicot; por fim, mas não por último: nada, mas nada mesmo, no Brasil impressionou mais a André Thevet do que o índio chamado Cunhambebe, que foi hóspede de Villegagnon por 30 dias, com todas as honras e pompas de chefe de Estado, de rei do Brasil. De volta à França, Thevet iria retratá-lo e incluir a sua estampa na Galeria dos Homens Ilustres, editada com o título de *Les Vrais Portraits*.

9

Ilustríssimo Cunhambebe. Permitam-nos considerá-lo o primeiro herói deste país de aventureiros, náufragos, degredados, traficantes, piratas e contrabandistas. Um tipo inesquecível. Certo, não lhe ergueram estátuas, mas, pensando melhor, essa desconsideração tem o seu lado bom: estátua só serve mesmo para enfeitar praça e aparar titica de passarinho. Deixemos essa honra para o Arariboia, cujo nome significa Cobra Feroz. Ele foi o cacique dos temiminós e tornou-se o mais valioso aliado dos portugueses — por quase 30 anos! —, pelo que viria a ser regiamente recompensado. O rei de Portugal agraciou-o com o hábito de Cristo, a primeira condecoração concedida a um brasileiro. E fez mais: nomeou-o capitão-mor de sua aldeia. Ganhou também uma sesmaria, e uma pensão anual de 12 mil-réis. Entre os seus feitos heroicos, inclui-se o de ter salvado um governador de nome Salvador Correia de Sá de um naufrágio. Por ironia do destino, acabou morrendo afogado, perto de uma ilha chamada Mocanguê, em 1589. E virou estátua. Uma estátua que dá as boas-vindas aos que chegam a uma cidade chamada Niterói, a "água escondida", no outro lado da baía da Guanabara, que significa braço de mar, seio do mar. Fez por merecê-la, ao ajudar os portugueses a conquistarem o Rio de Janeiro, nas batalhas de 1565 e 1567. Contra o povo de Cunhambebe.

Mas esta não é a história dele, o *estatuado* Arariboia, que morreu com fama de herói dos brancos e traidor dos índios. É a de quem estava do outro lado: um destemido morubixaba tupinambá, aquele que levou o seu povo a lutar até o último homem contra o invasor escravagista, convencido de que era preferível morrer de pé a deixar-se escravizar. Eis a questão que faz de Cunhambebe um personagem memorável, embora a sua história esteja reduzida a escassas linhas ou notas de pé de página, em compêndios ensebados, conservados em bolor e entregues às traças.

Leiamos uma dessas notas: "Este índio foi o tipo do selvagem na sua expressão mais repelente. Tinha ele uma força e uma estatura e uma corpulência de Ciclope, uma coragem de bruto obcecado, uma dureza e ferocidade de monstro. Em outras condições, daria um Átila, talvez ainda mais devastador. Desvanecia-se de abalar a terra com o seu tropel. Nunca perdoou a um português."

Sua biografia está resumida em verbetes assim, mínimos. Tentar recuperá-la é uma batalha ciclópica.

Por exemplo: nada se conta sobre o seu desempenho amoroso. Registra-se apenas, e de forma retumbante, que ele era um exageradão em tudo, a ponto de ter 14 mulheres, quando outros chefes indígenas só tinham direito a quatro. Essa história das 14 mulheres deixa qualquer um de nós, os mais comuns dos mortais, de bandeira hasteada, mas não contempla plenamente o nosso voyeurismo. Satisfazia a todas com igual intensidade, fazendo-as gemer, em êxtase? Agia como os feudais chineses, elegendo a sua concubina da vez por uma temporada e deixando as outras na lista de espera, roendo-se de ciúmes? O terror dos brancos, com tanta mulher para a sua rede, teria vivido com o pânico que acomete os homens de todo o mundo, de pagar um vexame? No popular: broxou alguma vez ou teve medo que isso acontecesse?

Perguntas inspiradas por umas linhas de Gilberto Freyre em *Casa-grande & senzala*, quando especula sobre a virilidade dos nossos índios. A confiar-se, a esse respeito, no respeitável sociólogo pernambucano, eles não eram assim uns Átilas na cama. Por isso mesmo, tinham o estranho costume de esfregar uma urticácea em seus membros viris, para que ficassem mais espessos, mais volumosos. Ao contrário do que imaginavam, a pele fálica intumescida não significava uma garantia de satisfação para suas parceiras. Incomodava-as. Daí as índias terem-se assanhado tanto com os brancos.

Gilberto Freyre, porém, não escreveu nada sobre o efeito urticácea em Cunhambebe.

10

Fiquemos com a versão oficial: ele tinha 14 mulheres e ponto. Um assombro. Se dava ou não conta do recado com todas elas, isto já não é da nossa conta.

O certo — assim é, se nos parece — é que ele foi mesmo um homem de porte físico avantajado, enorme, com quase 2 metros de altura, e, no comando de uma ação ou à simples vista de uma nau portuguesa, sua voz gaguejante tornava-se medonha, superava um trovão. Singrava as águas com a segurança de um Netuno. Tenha sido ou não um Átila na cama, o foi da floresta: onde pisava, a terra tremia. Com sua força e o seu poder extraordinários, era capaz de carregar nos braços um barril cheio de cauim.

O reino deste homem: um lugar chamado Ariró, na baía de Angra dos Reis, a 30 léguas do Rio. Mas seus domínios iam muito além das 365 ilhas — uma para cada dia do ano, segundo a contabilidade dos angrenses — dessa baía. Estendiam-se de Bertioga, no litoral paulista, a Cabo Frio, na região dos lagos fluminense.

Este inacreditável gigante nutria-se de carne humana não apenas no sentido bíblico: orgulhava-se de possuir nas veias o sangue de cinco mil inimigos, entre os quais muitos portugueses, que chamava de perós — ferozes —, por quererem fazer os nativos de escravos. Bradava em fúria que os portugueses, além de ferozes, eram mentirosos, traidores e covardes. (Sempre que um deles era apanhado e feito prisioneiro, tentava passar-se por francês, para escapar da morte. Eis por que Cunhambebe tratava todos eles como covardes.)

Tinha um ódio mortal aos colonizadores. Tanto que era capaz de ficar dias e dias sem comer se não tivesse um português moqueado para o seu repasto.

Portanto: o primeiro rei do Brasil era um canibal. Devorava o inimigo vencido, solenemente, para recuperar as energias despendidas no embate, em banquetes ritualísticos, reuniões festivas, práticas de caráter religioso, em qualquer momento da vida cotidiana.

O sacrifício dos prisioneiros obedecia a um calendário de atividades, que podiam durar de dois a três meses. Primeiro, eles passavam por um período de engorda, no qual eram muito bem-tratados, com boa alimentação e a satisfação de todas as suas necessidades, quando o canibalismo tornava-se amoroso: a cada prisioneiro era oferecida uma mulher, não hesitando os vencedores em ceder-lhes uma filha ou irmã em casamento. Mas se desta união nascessem filhos, estes iriam ser devorados, porque tinham nas veias o sangue do inimigo. O ritual canibalístico não concedia às mulheres os mesmos direitos dos homens: a elas não eram oferecidos maridos.

A execução, o grande evento da aldeia, tinha a sua fase de preparativos, com algumas formalidades. Os tupinambás, um povo alegre que possuía instrumentos de sopro e percussão, e que gostava de cantar e dançar, fazia do sacrifício dos prisioneiros um carnaval, realizado por etapas. Ensaiavam a festa de arromba reunindo-se em círculo e colocando as suas vítimas no meio, obrigando-as a participar de uma cantoria junto com eles e a fazer muito barulho. Como num ensaio teatral, todos tinham o seu *script*. Era a praxe.

Os prisioneiros (falando um após o outro, sem medo, e provocando os seus algozes, para apressar a execução, numa espécie de pedido de dispensa do cerimonial): — Sim, como convém a homens corajosos, partimos com o fim de aprisionar e comer vocês, nossos inimigos. Agora conseguiram a vitória e nos aprisionaram, mas isso pouco nos importa. Homens corajosos e valorosos morrem na terra de seus inimigos. A nossa terra também é grande, e os nossos vão se vingar de vocês.

Os vencedores: — Sim, vocês já comeram muitos de nós. É disso que queremos vingança.

Quando chegava o grande dia, todos os vizinhos eram convidados, e compareciam aos bandos, entrando na dança e caindo na farra. Ao contrário do que poderíamos imaginar, os prisioneiros não se abatiam: enfeitavam-se de plumas como os outros, mostravam-se alegres, bebiam e dançavam, participando intensamente da cerimônia de suas próprias mortes, que durava de seis a sete horas. Depois, sem a menor resistência, eram amarrados pela cintura com uma corda e levados em procissão pela aldeia. Em vez de deprimir-se, o condenado à morte tornava-se audacioso, jactando-se de suas proezas do passado:

— Também eu, valente que sou, já amarrei e matei muitos entre os maiores de vocês — vociferava. À medida que falava, olhando de um lado para outro, ia se tornando cada vez mais altivo: — Comi teu pai, matei e moqueei a teus irmãos; comi tantos homens e mulheres, filhos de vocês, tupinambás, que capturei na guerra, que nem posso dizer os seus nomes; e fiquem certos de que, para vingar a minha morte, os da minha tribo hão de comer ainda tantos de vocês quanto possam agarrar.

Dito isto, a corda era puxada fortemente, para imobilizá-lo. Levavam-lhe então pedras e cacos de pote, dizendo:

— Vinga-te, antes de morreres.

O prisioneiro passava a atirar os projéteis, com toda a sua força, contra uma plateia de três a quatro mil pessoas, sem escolher as suas vítimas.

O ritual não terminava aí. O guerreiro designado para dar o golpe de morte era mantido longe da festa. Saía de casa enfeitado com as suas mais lindas plumagens, barrete e outros adornos. Ele também tinha um discurso pronto para estas ocasiões:

— Não és tu da nação que é nossa inimiga? Não tens matado e devorado os nossos pais e amigos?

O outro respondia que sim e que era valente mesmo e não estava ali para fingir:

— Assaltei e matei os pais de vocês.

Ao que o seu carrasco respondia:

— Agora estás em nosso poder e serás morto por mim e moqueado e devorado por todos.

Ia-se aproximando o grande momento, logo após as últimas palavras do prisioneiro, pronunciadas com a altivez de sempre:

— Meus parentes me vingarão.

E aí o tacape cantava na sua moleira, sem apelações. O vencido se entregava ao sacrifício de cabeça erguida. Recebia o porrete com galhardia. Morria como um guerreiro e não um covarde.

Essa valentia demonstrada na hora do sacrifício estava no sangue indígena, por natureza. Os vencedores contavam com isso. A carne dos vencidos tinha o sabor da coragem.

11

Os brancos jamais poderiam aceitar tais práticas. Quando apanhados, faziam de tudo para não serem mortos e devorados. Um caso típico foi o do alemão Hans Staden, que caiu nas mãos dos tupinambás, tendo sido prisioneiro deles por nove meses, e escapando graças a muitos golpes da sorte. Fez milagres que embasbacaram os índios, como deter uma tempestade — o que os aterrorizava — em pleno mar, graças às suas rezas e à sua fé em Deus, conforme relatou num livro de aventuras fascinante, até hoje visto com deslumbramento, surpresa e uma certa desconfiança: parece fantasioso demais. Como os portugueses, ele também tentou passar-se por francês para escapar da morte. E isso deixou Cunhambebe enfurecido.

O primeiro encontro entre os dois transcorreu assim, segundo Hans Staden:

— Você é Cunhambebe? Ainda está vivo? — disse o alemão.

— Sim, ainda estou vivo — respondeu ele.

— Já ouvi falar de você, e que é um homem cheio de virtudes.

Nesse momento, Cunhambebe ficou de pé, andando na frente do alemão, todo orgulhoso. Tinha uma grande pedra verde metida no lábio, e no pescoço, um colar de conchas brancas do mar, que media, no mínimo, quatro braças. Pelo tamanho do enfeite, Hans Staden percebeu que se tratava de um dos selvagens mais distintos. Cunhambebe voltou a se sentar, para interrogá-lo:

— Veio como nosso inimigo?

— Vim, mas não como inimigo. Sou Hans Staden, de Hessen.

— Por que tentava dar tiros nos tupinambás em Bertioga?

— Porque os portugueses me obrigaram. Tive que obedecer a eles.

— Porque você é português. Não é mesmo?

— Não sou português. Sou parente de francês.

— Todo português diz que é francês ao saber que vai morrer. Todo português é covarde. Portanto, você é português.

Daí em diante, Hans Staden iria viver meses e meses num terrível estado de apavoramento e medo. Rezava cada vez mais. E, segundo ele, suas preces eram ouvidas no céu. Deus tinha piedade dele e o socorria, transformando-o num verdadeiro mago aos olhos dos índios. Isso ia postergando a sua execução.

Um dia, ele viu Cunhambebe diante de uma grande cesta cheia de carne humana. Era conhecida a sua preferência pelos braços e os dedos das mãos. Naquele momento, mordiscava a carne de um osso, que levou até defronte do nariz do alemão. Num gesto que tanto podia ser de gentileza quanto de provocação, perguntou-lhe:

— Quer um pedaço?

Horrorizado, Hans Staden respondeu:

— Mesmo um animal irracional raramente devora os seus semelhantes. Por que então um homem iria devorar os outros?

Cunhambebe deu uma mordida e disse:

— Sou uma onça. Isto está gostoso.

Custa a crer que Cunhambebe quisesse de fato comer a carne trêmula de Hans Staden. O alemão vivia rezando e choramingando e se borrando de medo. Comportava-se mais como um europeu azarado nos trópicos do que como um guerreiro vencido. Acabou escapando num navio francês, para contar a história.

É possível que Cunhambebe tenha mandado libertar Hans Staden, ou feito vista grossa para a sua fuga. Afinal, o alemão havia reconhecido as suas virtudes. Vira-o guerrear e elogiara o seu desempenho militar, chamando-o de "Chefe Supremo". Tais afagos deixavam o velho guerreiro de coração mole.

12

Numa cultura que desconhecia o pecado, coisa de brancos, Cunhambebe os cometia em quantidades capazes de arrebentar a balança de São Miguel. Como os da ira, da soberba — era com orgulho e empáfia que se gabava, espalhafatosamente, de seus próprios feitos —, da luxúria e da gula. Seus prazeres à mesa, ou mais precisamente a sua gana por um pedaço de português, podem tê-lo levado a ser derrotado fora do campo de batalha: não morreu de pé, lutando bravamente como fez a vida inteira, mas em circunstâncias lamentáveis para o guerreiro que ele era. Finou-se deitado numa cama, dentro da sua oca, vitimado por uma estranha e indiagnosticável epidemia. Ou, quem sabe, intoxicado por um pedaço de carne lusitana de má qualidade.

O certo é que a epidemia matou mais de 300 índios. A aldeia de Cunhambebe enlutou-se, passando a viver um tempo de tristeza e desolação. E ficou pequena demais para abrigar todos os que compareceram ao seu enterro. A dor por tão grande perda fazia surgir uma nova revolta: aquela peste só podia ser uma artimanha dos brancos, que os haviam infeccionado, de propósito. A velha história das roupas e panos impregnados de vírus, para contaminá-los, no mais sujo dos combates pela sua dizimação. A estranha epidemia levou os indígenas a um período de estremecimento e desconfiança até com os seus amigos franceses. Eram pessoas que se ofendiam facilmente.

E assim os tupinambás perderam o seu maior líder de todos os tempos. Aquele que, presumivelmente entre os anos de 1554 e 1555, juntou-se a outros grandes índios, como Aimberê, Jagoanharo, Pindobaçu, o Grão-Palmeira, seu filho Parabuçu, Araraí e Coaquira, para fundar a Confederação dos Tamoios, que uniu todos os guerreiros nativos, de São Vicente, no litoral paulista, a Cabo Frio, no Rio de Janeiro, na maior organização de resistência aos colonizadores que o país teve. Foi aí que o pau comeu para valer.

13

Todas as tribos num só exército.

E tudo começou com um plano audacioso de Aimberê, que foi capturado e feito prisioneiro e escravo de Brás Cubas, o fundador de Santos. Ao comandar um ataque e destruição de uma aldeia chamada Uruçumirim (onde se assentou o bairro do Flamengo, no Rio de Janeiro), Brás Cubas prendeu todos os sobreviventes, inclusive um cacique de nome Cairuçu, pai de Aimberê. Este, revoltado, começou a planejar uma rebelião para libertar os índios. Esperou o momento propício: o funeral do seu próprio pai, que, já velho e alquebrado, de tanto extenuar-se no trabalho forçado, morreu numa plantação de cana-de-açúcar de Brás Cubas, em São Vicente.

Aimberê engoliu em seco a sua revolta. Habilmente, fez-se dócil, como se fosse a mais cordata das criaturas. A estratégia funcionou. E ele conseguiu do escravizador português permissão para realizar, junto com os outros índios, o enterro do pai. A rebelião estourou no ato fúnebre. Os escravos rebelados se libertaram, matando muitos portugueses. Se estes já não tinham sossego, com os frequentes ataques de Cunhambebe, daí por diante é que não iam ficar sossegados.

Ao ganhar a liberdade, Aimberê, já com o ousado plano de reunir todas as tribos numa confederação, correu de aldeia em aldeia, acompanhado por um enorme séquito. As situações e acontecimentos deploráveis que ia encontrando deixavam-no ainda mais revoltado. Como o estado de miséria das tribos guaianases e carijós, forçadas ao trabalho pesado depois da chegada dos portugueses. Em igual penúria encontrou também os goitacases e os aimorés, tribos mais selvagens que viviam no interior. Aimberê procurou levantar o ânimo de todos, convocando-os à ação, através da luta organizada.

O seu primeiro aliado chamava-se Pindobaçu, ou Grão-Palmeira. Encontrou-o em outra circunstância revoltante: o sepultamento de seu filho Camorim, assassinado pelas costas por um português. Saber desse assassinato deixou-o ainda mais indignado. Camorim era seu amigo de infância. Havia pensado nele, ao fugir do cativeiro de Brás Cubas. Foi, aliás, quem pensou em procurar primeiro, pois o admirava, pela sua destreza e impetuosidade. Achava que o amigo tinha gana bastante para aderir ao seu projeto da Confederação dos Tamoios. Além disso, considerava-o seu futuro cunhado. Aimberê estava perdidamente apaixonado pela irmã dele, Iguassu, com quem, de fato, viria a se casar. Logo, não eram só as questões de guerra que o levavam a Pindobaçu e seus filhos. Havia também as razões sentimentais, o que mudava um pouco as prioridades. Veria primeiro Iguassu, como seu coração mandava, e depois Camorim, como a guerra comandava.

Deu de cara com o cadáver do amigo e com o pranto de sua paixão. A morte de Camorim era para ele um assunto de família.

Pindobaçu contou-lhe o que acontecera.

No dia anterior, Camorim havia ido à caça, acompanhado pela irmã. Tentou pegar um caititu, que lhe escapou. Enquanto ele se embrenhava no mato atrás da caça, Iguassu ganhava a restinga, para pegar frutos numa ingazeira. Naquele instante, foi avistada por um grupo de portugueses, caçadores de índios, que queriam pegá-la. A moça saiu correndo e gritando, desesperadamente, na esperança de que o irmão a ouvisse. Ao tentar ganhar a mata, foi alcançada por um de seus perseguidores. Nesse momento, chegou Camorim, que impressionava pelo seu porte soberbo. Com uma flechada, abateu o primeiro que alcançara a sua irmã. E todos os outros que foram se aproximando dela. Mas quando preparava uma nova flecha, foi apunhalado pelas costas. Ainda assim conseguiu levantar-se e lutar muito. Apavorada, Iguassu saiu correndo e gritando. Atraídos pelos seus gritos, outros membros da tribo apareceram. Os portugueses fugiram. Camorim caiu morto.

    A morte de Camorim revoltou a aldeia. Todos aderiram ao plano de Aimberê, unanimemente. Após o enterro, partiram em peregrinação, de tribo em tribo. Começaram por Angra dos Reis, reduto de Cunhambebe, o chefe mais importante e mais difícil, por ser um notório individualista, que preferia combater sozinho, com sua gente. Sabiam que não ia ser fácil convencê-lo a entrar para a luta confederada. Mas ele acabaria cedendo. E todos sabiam também que quando Cunhambebe firmava um pacto, jamais deixava de cumpri-lo. Cabeça dura, sim. Mas homem de palavra.

14

A adesão de Cunhambebe foi o passo mais importante para a formação da Confederação dos Tamoios. A partir daí, Aimberê iria conquistar aliados, um atrás do outro, em todas as tribos. Como Coaquira, bravo entre os bravos, de Ubatuba, que teve seu território invadido muitas vezes. Em cada assalto, os portugueses deixavam-no desfalcado de guerreiros. Vivia perdendo também mulheres e crianças, laçadas pelos brancos. Em todas as aldeias, a mesma história de destruição, morte e prisões. A mesma revolta diante da tirania dos colonos portugueses, das suas ciladas pelos matos para capturar e escravizar os filhos das selvas, dos rigores do cativeiro, dos saques às tribos mais pacíficas. Era para lutar contra isso que nascia a Confederação dos Tamoios.

Na primeira reunião do conselho das tribos confederadas, um inflamado Aimberê, mais irado do que nunca, propôs o nome de Cunhambebe para chefe supremo da Confederação. Foi estrepitosamente ovacionado. O velho guerreiro aceitou a indicação, emocionado. E fez uma declaração de guerra aos perós. Sua voz medonha ecoou como um terremoto nos engenhos e fazendas de São Vicente, domínios de Brás Cuba, um senhor de engenho violentíssimo. Essa inesperada resistência levava os portugueses a diminuir a captura de índios. Deixava-os na defensiva, temporariamente.

15

A Confederação dos Tamoios durou cerca de 12 anos, período em que se destacou como a maior organização indígena de resistência à invasão dos portugueses em toda a história do Brasil. Infernizava-os em suas fazendas e nos navios que continuavam chegando, principalmente no Rio de Janeiro, a praça das grandes batalhas confederadas, mais ainda do que o planalto de Piratininga, onde foi fundada a cidade de São Paulo.

A princípio numericamente em desvantagem, os invasores confiavam na sua superioridade bélica. Canhões contra flechas. Vantagens tecnológicas, diríamos hoje, quando a tecnologia a serviço da guerra pode reduzir o planeta a escombros.

Cunhambebe já não pertencia mais a este nosso mundo quando os portugueses reduziram os tamoios a cacos. Se não teve uma morte heroica, como queria, pelo menos levou para a cova o consolo de nunca haver perdido uma batalha. E não teve o desgosto de ver o seu povo sumir do mapa, no embate final de 1567, comandado no lado português por Mem de Sá, então governador-geral do Brasil, que veio da Bahia para dar reforço a seu sobrinho Estácio de Sá, a quem estava destinado o comando das operações. Mesmo trazendo no peito a glória da vitória em 1º de março de

1565 — com a ajuda de Araribóia, chefe de uma tribo do ramo dos tupiniquins, que não se uniu aos confederados —, quando fundou a cidade do Rio de Janeiro, Estácio de Sá não possuía a experiência do tio, que correu em seu apoio. Ainda assim, o aparato protetor do experiente Mem de Sá não conseguiu evitar que o sobrinho fosse flechado no rosto e morresse, dois meses depois. Mas ganhou a guerra. Uma guerra que durou anos, com avanços e recuos dos portugueses, e deixou um saldo incalculável de destruição e morte.

Quem convenceu Mem de Sá a liquidar os tamoios de uma vez por todas foi o jesuíta José de Anchieta, o que tinha por missão a evangelização e pacificação dos índios. Ele foi de São Vicente à Bahia para pintar um quadro dramático do Rio de Janeiro. Insuflou o governador-geral contra "a brava e carniceira nação, cujas queixadas ainda estão cheias de carne dos portugueses". E na hora do acerto de contas, largou o rosário e o missal para assumir um lugar de soldado atrás das barricadas. E foi aí que não sobrou pedra sobre pedra. Ou por outra: sobrou, sim — índio sobre índio.

Se Cunhambebe tinha um prazer todo especial em almoçar a carne dos portugueses, eles acabaram por jantar todo o seu povo.

Indígena vivo mesmo foi Araribóia, o capitão dos escravizados temiminós do Espírito Santo, arrebanhados para reforçar os contingentes lusitanos. Pela sua decisiva colaboração na derrota dos tamoios e seus aliados franceses, que àquela altura não passavam de uns 30 gatos pingados, provavelmente todos bêbados, a crer no depoimento do famoso padre jesuíta, Araribóia foi contemplado com uma imensidão de terra, na qual hoje se assenta a cidade de Niterói. E ganhou novo nome, passando a se chamar Martim Afonso, e a vestir-se não mais como um índio, mas como um branco, com roupas trazidas de Lisboa.

16

Os portugueses não pararam de caçar índios e franceses, onde quer que eles ressurgissem, como que por encanto.

Em 1575, Antônio Salema, governador das Capitanias do Sul do Brasil, realizou uma caçada obstinada aos esconderijos dos silvícolas, matando todos que ia encontrando. Em Cabo Frio, outrora o ponto extremo da Confederação dos Tamoios no litoral fluminense, defrontou-se com remanescentes que ainda teimavam em viver, já sem a força da sua organização, esfacelada por Mem de Sá na década anterior. Por ali tocavam as suas vidas de índios, na mais perfeita harmonia com os renitentes franceses, que naqueles refúgios construíram bases e abrigos para a estocagem de madeira contrabandeada.

O intrépido governador promoveu um terrível massacre, que ficou conhecido como a Guerra de Cabo Frio. Saldo dessa guerra: 10 mil índios mortos. Os sobreviventes foram aprisionados e escravizados, como sempre. E os franceses partiram correndo.

Depois de algum tempo, uma nova população de silvícolas iria reaparecer por lá, assim como piratas franceses e holandeses. Onde havia índio, tinha fumaça. E vinha fogo.

Em 1615, após várias ações de guerrilhas, os portugueses conseguiram expulsar a todos, de uma vez para sempre. Era o epílogo de uma história da qual passavam a ser os únicos donos.

Uma história cheia de rodapés.

Na Guerra de Cabo Frio, os portugueses voltaram a contar com a ajuda de Arariboia — o da estátua em Niterói —, aliado de todas as grandes batalhas. Um dia, o governador Antônio Salema mandou convidá-lo para um encontro. O chefe dos temiminós atendeu ao convite. Ao chegar, o anfitrião ofereceu-lhe uma cadeira. Arariboia sentou-se, cruzando as pernas. Achando isto uma falta de cerimônia, o governador, através de um intérprete, fez sentir a sua desaprovação, lembrando-lhe que estava em presença de um representante d'el-rey.

Arariboia retrucou no ato, mal contendo a cólera:

— Se você soubesse o quanto tenho as pernas cansadas, das guerras em que servi a el-rei, não estranharia por eu lhes dar agora este descanso. Mas já que está me achando pouco cortês, eu vou embora para a minha aldeia, onde nós não damos importância a essas coisas. E não voltarei à sua corte.

No caminho de volta, Arariboia poderia ter refletido sobre o abismo que os separava. Depois de toda a sua dedicação aos colonizadores, de todo o suor e sangue derramado por eles, e de também poder ser considerado um vencedor, como eles o eram, e com o seu apoio, sim, depois do tanto que fizera por eles, e de haver passado a ter um nome como os deles e a vestir-se como eles, tudo continuava como dantes: índio era índio, branco era branco.

Poderia ainda concluir, embora tardiamente, que Cunhambebe era quem estava com a razão.

— Eu não disse?! Bem feito — retrucaria o terror dos perós.

17

Ao vencedor, a estátua. À Confederação dos Tamoios, o pasto dos urubus. Tamoio quer dizer o mais velho do lugar. O nativo. Com a morte de Cunhambebe, o chefe supremo dos confederados passou a ser Aimberê, a quem coube o comando dos tamoios na última batalha do Rio. Ele percebeu que havia morrido de véspera.

Foi assim (*presumivelmente*):

A esquadra de Mem de Sá chegou à baía da Guanabara no dia 18 de janeiro de 1567. Compunha-se de três galeões vindos de Lisboa, sob o comando de Cristóvão de Barros, dois navios de guerra muito bem armados e seis caravelões. Com mais os navios de Estácio de Sá, essa esquadra constituía uma força à qual os nativos dificilmente poderiam resistir. Diante desse poderio, Aimberê pressentiu a derrota inevitável.

Chamou os franceses que ainda faziam parte do sistema tribal dos tamoios, entre eles o seu genro Ernesto, marido da sua filha Potira. Agradeceu a todos pela colaboração dada até ali à sua gente, mas, se quisessem escapar com vida, o melhor a fazer era voltarem para a França. Para tanto, oferecia-lhes uma canoa, na qual poderiam chegar à esquadra dos portugueses e negociar a volta.

Respondendo às ponderações do sogro, e na condição de porta-voz do grupo, Ernesto disse-lhe que os que ficaram não se consideravam mais franceses e sim tamoios. E já haviam analisado a situação antes de serem chamados para aquela reunião e decidido que estavam dispostos a morrer como nativos. Aimberê, sentindo que o genro falava a sério, e que os franceses não iam abandonar a luta, convocou uma grande assembleia.

Foi claro: a guerra estava perdida. Os que preferissem salvar suas peles podiam ganhar o mato e correr para o interior, fugindo do litoral, como tantos outros índios já haviam feito e faziam, no norte e no sul, escorraçados pelos portugueses. Quem quisesse escapar desse jeito, poderia fazê-lo, sem constrangimentos. Isso não seria considerado, de maneira alguma, uma covardia. Era, unicamente, uma questão de amor à vida. Quanto a ele, Aimberê, ficaria. Haveria de enfrentar os portugueses, nem que fosse sozinho. Assim, a morte, em defesa da terra e da liberdade, seria mais bela.

Ao dizer isso, todos gritaram o seu nome:

— Aimberê! Aimberê! Aimberê!

Era um grito de guerra.

Levantaram os seus arcos e suas flechas.

Morreriam como tamoios.

Depois houve outra reunião. Com o pajé. Que disse não haver tempo para dormir e ter bons sonhos.

18

Na esquadra portuguesa, as coisas eram bem outras. Ali havia tempo para rezar e sonhar. As tropas e os canhões foram benzidos e abençoados por Dom Pedro Leitão, o bispo da Bahia, que acompanhava Mem de Sá.

Naquela noite, José de Anchieta, o sacerdote-soldado, teve um sonho lindo. No seu sonho, São Sebastião, o padroeiro da cidade, aparecia no meio da tropa, atirando sem parar e matando um índio atrás do outro, sem piedade. Esse sonho era, na visão de Anchieta, a vingança do santo que morrera flechado. E foi premonitório.

Os portugueses liquidaram a fatura em dois dias, 19 e 20 de janeiro de 1567. Venceram a guerra. Comemoravam a vitória cortando as cabeças dos cadáveres, que enfiaram em estacas, como troféus de caça. Como autênticos perós. O triunfo levou-os ao delírio.

Agora podiam urrar:

— Somos ferozes, sim. Mas somos imbatíveis.

Gloria in Excelsis Deo.

Uma glória feita de sangue.

José de Anchieta exultava, ao comentar uma dessas batalhas, numa excelsa louvação aos militares:

"Quem poderá contar os gestos heroicos do chefe à frente dos soldados, na imensa mata! Cento e sessenta as aldeias incendiadas, mil casas arruinadas pela chama devoradora, assolados os campos com suas riquezas, passado tudo ao fio da espada!"

Já não parecia o mesmo santo homem que começara a escrever um poema à Virgem na areia da praia de Ubatuba, ainda chamada de Iperoíg, ao ser enviado pelo governador-geral da Bahia, junto com o provincial Manuel da Nóbrega, para negociar a paz com os rebelados tamoios, os temíveis canibais.

A missão dos dois jesuítas atendia a um apelo dramático dos colonos portugueses, que vinham perdendo uma batalha atrás da outra em toda a região controlada pelos índios confederados. Cabia-lhes conseguir a paz a qualquer preço.

Eles chegaram no barco de um genovês chamado José Adorno, e mal a embarcação apontou na enseada, viram o mar coalhar-se de canoas, tendo à frente as de dois patriarcas, Coaquira e Grão-Palmeira, o velho Pindobaçu. De repente, troaram as trombetas de guerra. Os índios mais afoitos entesavam a corda dos arcos. Ia começar o ataque.

Anchieta apressou-se em postar-se à proa do barco. Em nenhum instante demonstrou o menor sinal de insegurança diante do quadro hostil à sua frente. Ao contrário: aparentava tranquilidade, confiança. Os dois chefes o reconheceram. Tinham dele, assim como de Nóbrega, uma visão auspiciosa. Achavam que aqueles brancos eram diferentes dos outros. Pareciam homens de bom coração, infinitamente mais humanos. Baixaram a guarda. Nenhuma flecha foi atirada.

As águas turbulentas coalhadas de guerreiros acalmaram-se com as palavras de Anchieta, que, ainda no barco, anunciou a sua vinda como um prenúncio da paz. Era em nome dela que estava chegando. Antes de mais nada, dava a sua palavra de que ele e Nóbrega não partilhavam dos mesmos sentimentos dos portugueses que matavam e escravizavam os índios. Para provar as suas boas intenções, lembrou o que já tinha feito pelas aldeias, num incansável trabalho para educar crianças, tratar os doentes, consolar os velhos e defender os fracos contra os opressores. Agora estava ali, junto com Manuel da Nóbrega, o dos pés descalços, sempre em chagas, para pedir a reconciliação entre brancos e silvícolas:

— O sangue de cada tamoio é precioso e nobre. Para que derramá-lo, se se pode, para a grandeza da Terra de Santa Cruz, conjugá-lo com o sangue do branco?

Quando ele se calou, os dois chefes encostaram as suas canoas à borda do barco dos jesuítas. E os levaram às suas aldeias, para discutir, com os caciques de outras tabas, a proposta de paz. Coaquira convidou-os à sua oca e mandou armar duas redes, como prova da sua hospitalidade. Ele e Pindobaçu mandaram chamar todos os chefes confederados para a conferência de paz. As negociações não foram rápidas. Os jesuítas contavam com a simpatia de alguns e a desconfiança de outros mais intransigentes, que estavam decididos a matá-los e devorá-los. E eles sabiam dos riscos que estavam correndo. Coaquira disse aos padres que estava a favor da paz, mas não podia decidir nada sozinho. Eles teriam que falar com outros membros do conselho, como Aimberê, o novo chefe supremo, um nome que lhes provocava calafrios. "Homem alto, seco, e de catadura triste e carregada, de quem tínhamos sabido ser mui cruel", nas palavras do próprio Anchieta.

De fato: Aimberê era uma fera mesmo, um sucessor à altura de Cunhambebe, e tinha motivos de sobra para não acreditar nos portugueses, que aprisionaram a sua mulher, a jovem Iguassu, quando da tomada do Forte Coligny. Desde então estava desaparecida. Fora feita escrava, ninguém sabia de quem nem onde. Ele também já tinha sido aprisionado e posto a ferros no convés de um navio. Arrebentara os grilhões e fugira, como um indomável. Seu pai havia morrido de tanto extenuar-se no trabalho escravo, numa fazenda do português Brás Cubas, de quem ele próprio tinha sido prisioneiro. Para complicar ainda mais as coisas, o próprio Anchieta havia traído um segredo de confessionário, ao revelar um plano de ataque dos tamoios a Piratininga, que lhe fora contado em confissão por Tibiriçá, o cacique guaianás que se aliara aos portugueses, mantendo com eles laços familiares, desde que se tornara sogro do fidalgo João Ramalho, grande proprietário de terras e pioneiro da tão decantada mestiçagem brasileira, tanto quanto da preagem indígena, para a escravatura, à semelhança do que Portugal e Espanha já praticavam na África.

Rodapé — à maneira do português Gil Vicente em *O Auto de Maria Parda*, o que significava: vem bronca aí. Ou: parágrafo para algumas considerações sobre João Ramalho, um personagem exemplar, o mais típico conquistador nos primórdios da colonização do Brasil.

Era um homem misterioso, sobre o qual corria a lenda de ter sido náufrago e degredado. Um audaz aventureiro, com certeza. João Ramalho foi capaz de proezas que deixaram os seus patrícios bestificados. Sua ambição não conhecia limites. Plantou-se ao sul de um território precariamente controlado (do litoral ao planalto paulista) e estendeu os seus tentáculos sobre vastidões sem fim. Este, sim, é que não tinha Deus, rei, nem lei. Situava-se acima de todos os poderes celestiais e terrestres. Arrogou-se um direito dos chefes indígenas, o de ter muitas mulheres. Seu harém começava em família: além de Bartira, a filha de Tibiriçá que era a sua preferida, também tomou as irmãs dela. Fez filhos aos montes, nessas e em mais um bando de outras índias, povoando os seus domínios com uma enorme tribo de mamelucos. Isso escandalizou os jesuítas, que o excomungaram. Excomungado ou não, cada dia ia-se tornando supramundano. E tão poderoso e importante para os negócios do reino (sua fama chegava a Portugal como a de um herói da raça), e para os interesses da catequização, que os padres tiveram que voltar atrás em sua decisão. Suplicaram-lhe então que se casasse com Bartira, o que fez, atendendo às imposições dos prelados. Ela teve que ser batizada, recebendo um novo nome, o de Isabel. E aí a excomunhão foi revogada.

Com ou sem o beneplácito da Igreja, João Ramalho tornava-se cada vez mais próspero. Suas atividades escravagistas não se limitavam ao âmbito interno, para consumo próprio. Ele foi o pioneiro de um negócio altamente rentável: o tráfico de índios. Inaugurou um novo sistema de escambos com os europeus, no qual a madeira era substituída por um novo produto — o escravo indígena. Não mais as árvores. Navios carregados de homens em vez de toros. Escravizou os guaianases (com a colaboração do sogro Tibiriçá) e os carijós. Por isso mesmo, viria a merecer um combate sem tréguas da Confederação dos Tamoios. A Piratininga de João Ramalho era o alvo principal dos confederados. Ele perdeu muitas batalhas, mas escapou de todas as flechas, galhardamente. Foi um português impressionante. Viveu quase 100 anos. Um fenômeno, para aquele tempo. E virou nome de rua em São Paulo e pelo Brasil afora.

Isso tem muito a ver com Anchieta.

Um dia, Tibiriçá recebeu a inesperada visita de um emissário dos tamoios. Era o seu sobrinho Jogoanharo, portador de um apelo de Aimberê. Os confederados iam atacar Piratininga. E queriam contar com o bravo guerreiro Tibiriçá em suas fileiras. Todos esperavam ter o grande chefe guaianás de volta às lutas do seu antigo povo. Com isto muito sonhava o seu irmão Araraí, pai de Jogoanharo. Surpreso com a mensagem de Aimberê, Tibiriçá considerou-a uma distinção. Sentiu-se honrado. Mas fez algumas perguntas ao sobrinho, querendo saber dentro de quantas luas ia acontecer a batalha. Ele entregou tudo. Tibiriçá achou imprudente uma investida daquela envergadura no prazo previsto. Recomendou um adiamento e estipulou o tempo que lhe parecia o mais apropriado. Jogoanharo voltou confiante na adesão do tio, levando os tamoios a se confraternizarem, como diante de uma nova conquista, e a mudarem os seus planos de guerra. Exultavam. Tibiriçá fora reconquistado.

Aconteceu que, como estavam longe dele, não puderam perceber os seus conflitos. Anchieta estava por perto e os percebeu. Ensimesmado, a remoer-se em silêncio, Tibiriçá procurou o padre. Conhecedor das almas, o jesuíta detectou logo que ele estava angustiado. Alguma coisa estranha se passava no coração e na mente daquele índio aculturado, que se torturava no exercício das suas dúvidas. Anchieta propôs-se a ajudá-lo, para tirar-lhe aquele fardo do espírito. Induziu-o a uma confissão. E, no confessionário, arrancou dele os planos dos tamoios. E não só dissuadiu Tibiriçá de voltar à sua posição original de luta entre os índios. Foi correndo contar tudo a João Ramalho. Quando o ataque veio a realizar-se, na data sugerida por Tibiriçá, os portugueses já estavam devidamente preparados. E lá estava ele, o índio Tibiriçá, ao lado dos inimigos da sua gente. Ainda assim, os tamoios saíram vitoriosos. Mas com um ódio de morte a Tibiriçá, que além de tudo ainda acabou por matar o seu sobrinho Jogoanhoaro, que havia parado, hesitante, ao se defrontar com o tio, àquela altura já absolvido pelo padre do pecado da dúvida.

Estas linhas sobre um episódio que já vai se tornando exaustivo têm por fim a preparação para a primeira reunião do acordo de paz, que foi realizada num clima previsivelmente belicoso. Aimberê não confiava nos padres. Não era sem motivo que Anchieta o temia.

E tudo ocorreu dentro do esperado. O fato de Anchieta e Nóbrega terem sido recebidos com simpatia pelos respeitáveis chefes Coaquira e Pindobaçu, o Grão-Palmeira, não significava que toda a Confederação dos Tamoios estava disposta a arriar suas flechas e tacapes.

A assembleia foi mesmo tumultuada, sob forte tensão. Cada um tinha um número interminável de queixas, o mesmo rol de reclamações de sempre, contra os portugueses: atrocidades, traições, incêndios, intrigas dos brancos para desuni-los, índios capturados e levados a ferros como escravos etc. Aimberê era o mais exaltado. Furioso, disse que só tinha uma proposta a fazer: a libertação de todos os tamoios escravizados e a entrega dos caciques que haviam se bandeado para os inimigos, para serem trucidados. Os padres se negaram a aceitar isso. Aimberê enfureceu-se e levantou o tacape para arrebentar as cabeças deles, com uma cajadada em cada uma. Grão-Palmeira apressou-se e segurou-lhe o braço. Contrariado e enraivecido, Aimberê tumultuou a reunião, que se encerrou sem que nada ficasse acertado.

Os chefes se dispersaram, entrando em campanha pela proposta de Aimberê. Nóbrega começou a fazer planos para uma nova assembleia. Os índios estavam divididos: uns queriam a paz, outros o prosseguimento da guerra, a começar pela matança dos padres.

Enquanto esperava pelo desfecho de sua missão, Anchieta escrevia na areia da praia um poema à Virgem. Interrompeu-o para conversar com o outro padre que, à sombra de um rochedo, pensava que era urgente uma nova reunião para apaziguar aquele povo. Anchieta se aproximou dele, perguntando:

— Em que pensa, mestre?

— Que devemos aceitar as condições dos inimigos. Todas. Mesmo a condição da entrega dos caciques.

Anchieta primeiro ruborizou-se, depois empalideceu. Parecia que ia desmaiar.

Nóbrega pôs-lhe a mão no ombro e disse, sorrindo:

— Calma. É só um meio de protelar. Aceitamos a condição,

exigindo que ela seja levada ao governador de São Vicente. E enquanto a proposta vai e a proposta vem, ganha-se tempo. É possível que nesse espaço de dias consigamos abrandar o coração dessa pobre gente.

— Mas há de ser necessário um de nós levar as propostas a São Vicente, e o outro ficar como refém.

— Pois um de nós ficará como refém, e o outro irá — disse Nóbrega.

— Ficarei eu — respondeu Anchieta, com firmeza.

— Não. Quem deve ficar sou eu. Se morrer nas mãos dos índios, morre uma carcaça que já não presta.

— Ficarei eu, mestre. Que morra quem não tem serviço algum prestado a Deus — disse Anchieta.

Uma canoa apontou no horizonte. De repente ouviu-se o barulho de uma trombeta de guerra. Era Panabuçu, o filho de Grão-Palmeira, quem chegava, disposto a matar os padres. Ninguém iria conseguir segurá-lo em sua cólera. E seu pai estava longe, tentando serenar os ânimos de outros chefes.

Nóbrega agarrou a mão de Anchieta. Disse:

— Esperamos em Deus.

E ergueu os olhos para o céu.

Uma flecha caiu a dois palmos dos pés feridos do velho Nóbrega. E outra passou raspando os ombros de Anchieta.

— Fujam — gritaram os índios. — Panabuçu vai matar vocês.

Os dois padres não se moveram. Outra flecha raspou os ombros de Anchieta.

Os dois fugiram e se esconderam dentro de uma igrejinha de palha, que haviam mandado os índios construir. Se tivessem que morrer, que fosse naquela paupérrima casa de Deus.

Panabuçu saltou da sua canoa com um tacape na mão, o arco atravessado aos ombros e a aljava cheia de flechas.

Impossível detê-lo. Estava possesso.

Ainda assim, tentaram acalmá-lo, dizendo-lhe que os apóstolos eram gente de paz e que se tornaram amigos de Grão-Palmeira, o pai dele.

— Por isso mesmo devem morrer — respondeu o endiabrado Panabuçu. — Eles seduziram um pobre velho, em sacrifício da honra dos tamoios.

E correu atrás dos padres.

Encontrou-os dentro da igrejinha, ajoelhados. Rezando.

Panabuçu levantou o tacape contra a cabeça de Nóbrega. Ia arrebentá-la de um só golpe.

Anchieta ergueu-lhe uma súplica, através do brilho de seus olhos azuis.

Panabuçu hesitou.

Com um olhar penetrante no rosto do índio, Anchieta pôs-lhe a mão no ombro e começou a falar de paz, com uma voz emocionada, que parecia vir do fundo do coração. Lembrou as tradições da tribo, as suas glórias nos combates, a nobreza dos gestos diante do perigo. Reconhecia a bravura dos tamoios. Mas agora estavam ali, Nóbrega e ele, para implorar a pacificação, para rogar um gesto de perdão aos portugueses. E ele, o jovem e destemido Panabuçu, devia ser o primeiro a apoiar o seu pedido de paz.

Anchieta era bom de sermão. Os portugueses não poderiam dispor de um embaixador mais hábil nessas águas e selvas buliçosas. Arrematou a sua cantilena de forma peremptória:

— Um forte não repele nunca a mão que o vencido lhe estende.

Conta a história que naquele momento Panabuçu ajoelhou-se, rendido aos apelos do padre, mais parecendo um bom cristão.

19

Mais um no papo, deve ter-se rejubilado o ladino Anchieta, aguardando uma nova assembleia, que ainda não tinha data para acontecer.

Ao retornar às suas bases, Aimberê achou um bom motivo para demorar-se na aldeia de Uruçumirim. Potira, a sua filha casada com o louro francês Ernesto, acabava de lhe dar um neto, que recebeu o nome do avô. Ele aproveitou o convívio em família para incumbir o genro de uma tarefa: consultar os franceses sobre a proposta dos padres. Ernesto voltou da missão trazendo opiniões diferentes umas das outras. Alguns recomendavam cautela. Tudo podia não passar de um ardil. Quando os portugueses voltassem a se sentir fortes, dariam início a novas perseguições aos índios. Os desse partido eram a favor da guerra ao inimigo comum, até sua liquidação total. Outros eram a favor da paz: dava-lhes tempo de organização. Já um pequeno grupo formado por católicos franceses acreditava na sinceridade dos padres, pois a Igreja condenava a escravidão. Esse grupo era a favor de um acordo de paz.

Munido dessas informações, Aimberê partiu à frente de 40 canoas repletas de índios para a assembleia. Atrás dele ia Ernesto, capitaneando quatro canoas, e levando não apenas tamoios, mas também alguns franceses que, como ele, haviam se integrado à vida tribal.

Entre os chefes indígenas, as divergências eram ainda maiores do que as dos franceses. O cacique Araraí, por exemplo, ia votar pela continuação da guerra. Ele era da tribo guaianás, e sua aldeia ficava no planalto de Piratininga, a poucas léguas do colégio dos jesuítas. Tinha uma forte razão pessoal para dizer não aos padres. Perdera o filho, o guerreiro Jogoanharo, que era o orgulho da sua velhice. E o pior: ele havia sido morto pelo seu irmão Tibiriçá, que se bandeara para os portugueses. Por isso, estava decidido a votar pela guerra, até o fim.

Não estava sozinho em sua posição. Outros chefes também tinham motivos de sobra para não quererem recuar exatamente num momento em que os portugueses se mostravam enfraquecidos. Mas todos queriam viver em paz e com sua liberdade respeitada. O difícil era acreditar na conversa dos brancos. A assembleia, portanto, prometia espalhar brasas para todos os lados.

Os padres ouviram de novo as velhas queixas, às quais já estavam acostumados. Anchieta, porém, foi mais convincente do que nunca. Fez um sermão tocante, arrebatador. Perorou longamente sobre a necessidade da paz, em nome de Deus. Todo o conselho da Confederação dos Tamoios o ouviu, com respeito. E ele falou bonito: os tamoios eram os donos da terra. E Deus era sábio e bom para todos, punindo os portugueses quando estes desobedeciam às Suas leis. Deus queria ver os homens trabalhando como irmãos. Sem ódios. Desenvolvendo essa terra tão maravilhosa. Por outro lado, os portugueses muito poderiam ajudá-los, criando escolas, tratando dos doentes — como ele próprio já fazia —, trazendo-lhes galinhas, porcos, vacas e outros animais domésticos de grande utilidade. Ensinando-lhes a plantar algodão por método mais racional. Cultivando a cana-de-açúcar e muitas outras plantas, que iriam melhorar as condições de vida das aldeias. Sem perseguições aos nativos de forma alguma. Todos vivendo como amigos, tal como desejava o Senhor, que criara o mundo. E por aí foi, varando o tempo e amolecendo os corações selvagens.

Envolvidos pela retórica do jesuíta, os índios arriaram as armas. Convenceram-se da necessidade da paz.

Aimberê acedeu ao desejo geral de pacificação. Mas estabelecia as mesmas condições de antes. Nada mudara em seus planos. Foi enérgico: libertação de todos os indígenas escravizados e entrega aos confederados dos traidores, como Tibiriçá e Caiuby — outro que havia se bandeado para os portugueses — ou não tinha acordo. Suas exigências mereceram aprovação unânime. Os padres se viram acuados, enrascados no mesmo impasse.

Anchieta consultou Nóbrega, em caráter reservado. Simples formalidade, aliás, pois já haviam conversado a respeito e já tinham planejado uma contraproposta. Os tamoios aguardavam o que iriam decidir. A expectativa era enorme.

Na condição de porta-voz, Anchieta começou por dizer que os dois consideravam as exigências justas, mas não podiam tomar nenhuma decisão naquele momento. Só os chefes administrativos de São Vicente tinham poderes para decidir. O que lhes competia era propor que um deles os acompanhasse até lá, para a negociação com os administradores portugueses.

Aimberê sentiu no ar um cheiro de esperteza. E mostrou à queima-batina que era tão esperto quanto os jesuítas. Disse que compreendia a necessidade da ida de um tamoio a São Vicente, para negociar a paz com quem de fato tinha poder de decisão. Então iria ele mesmo, para tratar do assunto pessoalmente. Mas os dois padres ficavam em Ubatuba, como garantia de que tudo iria correr bem. Anchieta e Nóbrega responderiam pelo que lhe sucedesse.

E assim ele foi. Os dois padres ficaram como reféns.

20

Ninguém os molestou. Ao contrário, receberam bons tratos. Até mulher lhes ofereceram, o que, religiosamente, recusaram. Sob os cuidados de um respeitoso Coaquira, encontraram no jovem Cunhambebe uma verdadeira alma pacificadora. Este era filho do outro Cunhambebe, o lendário chefe supremo da Confederação dos Tamoios, que unira todos os índios com o seu grito de guerra. O jovem Cunhambebe, imbuído do espírito apaziguador, iria defender a união pela paz.

Ele gostava da agricultura e vinha fazendo a aldeia de Angra dos Reis prosperar. Mesmo participando intensamente da guerra contra os portugueses, desenvolvera, mais que os outros, o plantio de algodão, de fumo e pimenta, que trocava por instrumentos e outras utilidades com os franceses. Deixava sempre uma parte de seus guerreiros nas tabas, ajudando os velhos e as crianças no trabalho da terra. Anchieta e ele conversaram civilizadamente. E Anchieta garantiu-lhe que os portugueses iriam cumprir o acordo de paz. No instante em que Anchieta disse isso, a ossada do velho Cunhambebe deve ter rolado na cova, ferozmente:

— Não confie nisso, meu filho. Eles são mentirosos.

Os jesuítas aguardavam o desenrolar dos acontecimentos na maior tranquilidade, pelo menos nos primeiros dias. Já as negociações, que começaram em São Vicente e prosseguiam em Piratininga, marchavam sob pontas de flechas. Aimberê, duro na queda como sempre, enfrentava energicamente as autoridades portuguesas, que adorariam esquartejá-lo. Mas não podiam fazer nada contra ele. Se fizessem, Anchieta e Nóbrega seriam trucidados.

Como tinha ido ao encontro deles cercado de garantias, Aimberê chegou botando logo as cartas na mesa: libertação dos escravos e entrega dos traidores, para serem devorados. E ponto final. Os portugueses se assustaram com a sua veemência. Mas não tinham saída. E acabaram concordando com a proposta do chefe supremo dos tamoios. Com pesar, claro.

Para Aimberê não começar a cantar de galo, humilhando a todos ali mesmo, em suas próprias hostes, impuseram uma condição: só selariam o acordo com a volta dos dois jesuítas que ficaram em Ubatuba.

Fera escaldada, ele entendeu que isso era uma cilada. Não aceitou a contraproposta. Disse que já estava acostumado com a facilidade de prometer dos brancos e a dificuldade com que cumpriam as promessas. Foi franco e rude perante os negociadores, desafiando-os sem o menor temor, como se de repente fosse dois gigantes num só corpo. Ele e o espírito do velho Cunhambebe.

Bradou:

— Vocês, perós, são mentirosos.

Naquele momento o esqueleto do seu finado chefe deve ter sacolejado na cova outra vez:

— Dá-lhes, garoto. Eles merecem.

As negociações entravam em parafuso. Nesse entretempo, Aimberê era informado de que os chefes indígenas que se passaram para os portugueses, como Tibiriçá e Caiuby, já haviam morrido. Isso o desarmava em suas exigências. Restava-lhe brigar apenas pela libertação dos tamoios prisioneiros e escravos dos brancos. Foi quando entrou em cena outro jesuíta, chamado Luís da Grã, recolocando o problema de outra maneira. E afinal todos acabaram concordando com a sua sugestão: um dos padres iria a Piratininga, e o outro continuaria como refém, na aldeia de Coaquira. O escolhido para participar da última rodada de negociações foi Manuel da Nóbrega.

Previdente, e desconfiado de que a missão dos padres podia ser uma armadilha, Aimberê não chegou à toca dos leões brancos sozinho. Fazia-se acompanhar por cinco jovens guerreiros, entre eles o seu cunhado Parabuçu e Araken, um chefe aimoré muito respeitado. Toda a sua comitiva teve de vestir-se de tangas, assim que chegou a São Vicente. Os portugueses não admitiam a nudez dos índios em presença de suas famílias. E desse modo seguiram para Piratininga — com panos a cobrirem-lhes as vergonhas.

Os acompanhantes de Aimberê tinham uma incumbência: descobrir o paradeiro de Iguassu, que o já falecido Jogoanharo havia visto sendo puxada pelos cabelos por um colono de Piratininga e entregue a uns padres, quando fora se encontrar com o seu tio Tibiriçá.

De conversa em conversa com índios carijós e guaianases que viviam perto do colégio dos jesuítas em Piratininga, os comandados de Aimberê conseguiram fazer com que eles se lembrassem de uma índia que chegara àquelas bandas arrastada pelos cabelos. De repente surgira um índio nu (Jogoanharo), que passara a chicotear o colono que a arrastava. Um homem branco aproximara-se, mas não socorrera a índia que estava sendo chicoteada. Oferecera uma tanga para o índio, que desaparecera. O colono dirigira-se à igreja e entregara a sua presa aos padres. Estes a enviaram para uma fazenda, onde passaria a trabalhar como criada.

Esta informação significava meio caminho andado. Correram para a igreja, à procura dos padres, que confirmaram tudo. E contaram mais: a índia estava vivendo como escrava da mulher de um certo Heliodoro Eoban, feitor de um engenho do comandante do barco que havia levado a embaixada de Aimberê de Ubatuba a São Vicente, o genovês José Adorno. E de pergunta em pergunta, descobriram também que ela tinha sido posta a ferros, por se recusar a obedecer aos brancos.

Aimberê não ficou sabendo de nada. Seus amigos já tinham arquitetado um plano de resgate, em segredo.

As duas missões iam caminhando para o seu desfecho. A localização de Iguassu e o acordo de paz. Aimberê chamou os seus cupinchas e mandou que fossem buscar Manuel da Nóbrega.

Foram.

Mas só o aimoré Araken seguiu pelo caminho certo. Os outros se embrenharam na floresta, obstinados. Tinham que libertar Iguassu e levá-la para casa, custasse isso o que custasse.

21

Quando Araken chegou sozinho à aldeia de Coaquira, toda a tribo se agitou. E os dois padres ficaram de orelha em pé. Se alguma coisa tivesse dado errado, eles já sabiam o que podiam esperar. Tacape na moleira.

A tranquilidade e os bons tratos dos primeiros dias deram lugar a uma perturbadora hostilidade. A falta de notícias de Aimberê e seus acompanhantes deixara os que ficaram inquietos, cheios de suspeitas e maus augúrios. Os jesuítas só não foram liquidados graças à intervenção enérgica de seus anfitriões, o velho Coaquira e o jovem Cunhambebe. Agora, com o retorno solitário de Araken, podiam se preparar para o pior. Se tivesse acontecido o que todos imaginavam, as boas almas que os hospedavam não iriam conseguir salvá-los.

Araken acalmou os ânimos. Tudo estava nos conformes. Ia um padre, ficava outro. O acordo de paz estava entrando na reta final. Os dois suspiraram, aliviados. E rezaram, elevando as mãos aos céus, para demonstrar toda a sua devoção ao Criador.

Manuel da Nóbrega foi levado de canoa por Araken e outros índios. Cheio de chagas nas pernas e com um pé inchado, às vezes tinha de ser carregado. Deixaram-no em Bertioga. Ali, seus próprios patrícios se encarregaram de conduzi-lo a Piratininga, onde foi recebido com festas, na igreja de São Paulo. Rezou-se uma missa, com muitos pedidos a Deus pela volta, o mais breve possível, do irmão Anchieta.

O provincial Nóbrega não pôde participar das negociações de paz logo ao chegar. Estava muito alquebrado e precisava de repouso. Isso deixou Aimberê inquieto. Tinha o seu pensamento voltado para Iguassu. Àquela altura, já sabia onde a sua mulher estava confinada, e todo o seu desejo era correr para encontrá-la. Mas sabia também que não podia precipitar os acontecimentos. Seu dever como chefe supremo da Confederação dos Tamoios era lutar pela libertação de todos e não apenas da sua amada. Fez-se paciente e esperou o padre recuperar-se.

E assim passaram-se os dias. Nóbrega recuperou-se e selou o acordo de paz, juntamente com Aimberê e as autoridades portuguesas. E partiu em expedição libertadora, acompanhado por alguns soldados e o chefe tamoio, indo de fazenda em fazenda, engenho em engenho, para soltar os índios aprisionados. Estoicamente, Aimberê deixou por último as propriedades de José Adorno, sob a administração de Heliodoro Eoban. Sabe-se lá com que martírio dominou a sua ansiedade. Era por ali que se encontrava, como prisioneira de guerra, como escrava dos brancos, a mulher dos seus sonhos, a preferida entre todas, a sua incomparável Iguassu.

E foi com o coração na mão e a respiração em suspenso que ele, na companhia do provincial jesuíta e seus soldados, adentrou os domínios de José Adorno. Surpresa. Não havia vivalma na casa do seu capataz. Seguiu-se uma cena de suspense, com todos se entreolhando, tentando captar um fio daquele mistério. Sem conseguir desvendá-lo, saíram em peregrinação pelas redondezas. Alguns colonos informaram-lhes que fazia dias que ninguém daquela casa dava sinal de vida.

Concentrado no que verdadeiramente o interessava, Aimberê perguntava a um, e outro e mais outro:

— E a escrava? Você tem visto a escrava? Sabe para onde ela foi levada?

Ninguém sabia. Isto é, sabia-se, sim, que ela era uma rebelde que não deixava que a domassem. Por isso vivia a ferros.

Todos sabiam o que ele já sabia. E nada mais. Isso, por pouco, muito pouco, não o enlouqueceu. Pior do que a loucura, para um guerreiro como ele, era o sentimento que acabava de experimentar. E tinha até sabor, podia senti-lo na boca. Era amargo, muito amargo. Pois o que estava sentindo não era outra coisa senão o gosto intragável da derrota. Pela primeira vez na sua vida, o chefe supremo da Confederação dos Tamoios sentiu-se fraco. Não, não podia deixar-se abater. Haveria de encontrar a sua mulher. E tinha um acordo de paz por consolidar.

22

O martírio dos portugueses era de outra natureza: índio tinha palavra? Aimberê mandaria Anchieta de volta?

Quanto a isso, podiam dormir sossegados. Um acordo com os indígenas jamais seria rompido. Sim, eles tinham palavra.

Fazendo um balanço da situação, Aimberê concluiu que a viagem não fora perdida de todo. Primeiro, pudera provar aos brancos que não era um bobo. Segundo: tivera praticamente todas as suas exigências satisfeitas. Terceiro: conhecera toda a capitania dos portugueses. Quarto: descobrira quais as suas posições mais fáceis de serem combatidas. Quinto: agora sabia que eles não tinham poderio militar bastante para conter um ataque maciço dos tamoios.

E assim, contente com o seu próprio desempenho e descobertas, por um lado, e infeliz por outro, ele chegou à taba de Coaquira, para perceber, logo de cara, que José de Anchieta havia feito muitos progressos em seus dias de refém. Reencontrava-o bem-disposto, muito paparicado por todos, rezando missa diariamente para um povaréu que não entendia absolutamente nada a que estava assistindo. Mas se reuniam em torno do seu santo ofício por uma espécie de cortesia. O padre corcunda acabara por revelar-se um bom sujeito, sociável e útil: quando não estava rezando ou transcrevendo o seu poema à Virgem, dedicava horas e horas a passar aos chefes ensinamentos sobre agricultura, pecuária, alimentação, medicina, sobre quase tudo. Sabia muito, o jesuíta. E tinha prazer em repassar os seus conhecimentos. Chegou a mudar hábitos da tribo e a salvar vidas, fazendo sangrias como tratamento, com o seu inseparável canivete. Toda aquela aldeia passou a tratá-lo com respeito, admiração e bem-querer. Era uma figura carismática. Tornou-se popular. Ele também parecia gostar de todos, sinceramente. Menos de um: Aimberê. Continuava com o mesmo pavor que tinha dele, a ponto de chamá-lo de "mui cruel". Mas naquele dia Aimberê pareceu-lhe o mais alvissareiro dos seres humanos sobre a face da Terra.

Fossem outros os tempos, Anchieta teria pulado e gritado "Oba!" ao avistar Aimberê em seu retorno. Afinal, o acordo havia sido concluído e ele estava salvo. Agora poderia ir-se, livremente, sem um único arranhão. Em alguns momentos, passara por alguns apertos. Mas a experiência tinha valido. E como! Havia pisado em brasas, andado no fio de uma navalha, vivido uma situação-limite. Tudo por uma causa, pela causa. Não era isto, afinal, o que dava sentido à sua missão nestes trópicos? Não estava predestinado a levar aos bárbaros a palavra de Deus, a fé cristã? Mais uma vez o seu destino cumpria-se. Era um vitorioso. E iria continuar, até à morte, rezando e rogando a Deus que tivesse piedade desses bárbaros, desses tigres, desses cães danados. E no entanto, louvados sejam, eram homens de palavra. Uma pobre e honesta gente, a viver em pecado, hereticamente. Não bastava ter conseguido um acordo de paz, o que era bom para o momento, mas não era tudo. Haveria de trazê-los a todos para o reino de Deus. Deus, Deus, DEUS! A salvação das almas, a única salvação do mundo. Sua guerra era uma guerra santa. *Sursum corda*. Ia voltar com a consciência de ter cumprido o seu dever. Em nome de Deus, do senhor governador-geral, de todos os seus patrícios nessas terras inóspitas, de el-rey, da pátria lusitana, amém.

O jovem Cunhambebe levou-o de volta. A bem dizer, ele teve uma escolta de elite.

Na sua despedida, mandou um recado aos tamoios, para tranquilizá-los:

— Diga a todos que esse acordo jamais será rompido por culpa dos portugueses.

— Nem por nossa culpa — garantiu-lhe o filho do terror dos perós.

No seu regresso, o jovem Cunhambebe de repente percebeu que alguma coisa estranha estava acontecendo. Era um troço muito esquisito. Assustador. Em toda a sua vida selvagem, jamais tinha visto nada igual. A terra começava a mover-se debaixo de seus pés, num tremor desabalado. Apavorado, apoiou-se no tronco de uma árvore, em busca de proteção. Uma repentina e furiosa ventania fez a árvore balançar. Era um vendaval tão intempestivo e violento, que parecia capaz de levar o mundo, com ele junto, pelos ares. Por um instante, pensou até em chamar pelo nome de Deus, como o padre fazia. Rapidamente, porém, tudo voltou a normalizar-se. Que coisa mais doida! Era como num sonho ruim, apavorante. Ou como se o próprio mundo, esse velho mundo dos índios agora invadido pelos brancos, estivesse enlouquecendo. Ou o Deus deles. Ou ele próprio. Esta noite ia ter muito o que conversar com o pajé.

Pensava nisso quando ouviu uma voz medonha, que no entanto vinha há muito do tempo. A voz que tanto já havia feito a terra tremer, quando dava o seu grito de guerra, tao familiar aos seus ouvidos. Era impossível não reconhecê-la. Pôs-se em posição de escuta, atentamente.

— Filho — urrou a medonha voz. — Filho, deixe a barba crescer.

— Por que, meu pai?
— Para poder botar ela de molho.
— Mas por que, pai?
— Porque não vai ser nada disso que você está acreditando.
— E por que não, meu pai?
— Porque eles são mentirosos. Ouça o que estou lhe dizendo. Eles sempre foram ferozes, traidores, covardes e mentirosos. E não é agora que vão deixar de ser o que sempre foram. Não seja tolo, meu filho. Não dá para acreditar numa única palavra desse padreco. E, cá pra nós, que bicho feio, hein? Branquelo, pequeno, corcunda... feio como a peste. Ainda por cima tá empesteado, com o mal do peito.

— Deixa de implicância com o padre, pai. Ele passou muitos dias com a gente. E se comportou como um santo homem. Até nos ensinou muitas coisas boas.

— Treta. Tudo treta. Filho, não se deixe enganar pelas aparências. Cuidado com esse papa-hóstia. É um mentiroso igual aos outros.

— Pai...

— Bom, já disse o que tinha que dizer. Depois não diga que não te avisei. E não esqueça de deixar a barba crescer.

A terra tremeu de novo, e o jovem Cunhambebe achou que tinha entendido o que isso significava. O velho estava voltando para a sua cova.

— Pai, pai, pai!

Melhor esquecer o que aconteceu, pensou. Podia não passar

de uma alucinação momentânea. Talvez fosse o cansaço, resultado da guerra de nervos pela paz. Precisava retornar à sua aldeia e dormir muito, descansar. Tinha que estar em forma para a batalha do dia seguinte. Iria ter uma conversa séria com os franceses. Os índios não queriam mais espelhinhos e bugigangas desse tipo. Precisavam é de coisas de serventia. Espingardas para a caça, utensílios de pesca, enxadas, foices, máquinas, enfim, instrumentos para a lavoura. Se queriam pau-de-tinta, iam ter. Mas não em troca de bobagens. Agora não iam precisar mais viver em guerra. Portanto, teriam muito o que fazer em suas terras.

Agora o seu pai, o velho Cunhambebe, lá na sua cova, já podia descansar em paz.

23

Aimberê voltou para casa navegando sozinho e enfrentando um mar violento, em sua igara de duas pás. Pior do que a solidão das águas era não saber o destino de sua bela Iguassu. Vivia um amor desesperado e desesperançado. Ainda nem pudera fazê-la mulher. Os brancos não lhe haviam dado tempo para isso, ao aprisioná-la. E agora não tinha mais certeza de que a reencontraria.

De Ubatuba ao Rio, o mar parecia-lhe não ter mais fim. Pela primeira vez na vida, sentia-se um navegante solitário. Já era avô, e isso o deixava feliz. Amava a sua filha e gostava do genro, aquele papagaio francês que acabara se revelando um bom tamoio. Tinha que admitir que muita coisa boa lhe havia acontecido. Mas estava apaixonado por uma moça que se transformara numa miragem. Para não se abater, a ponto de ser tragado pelas ondas, passou a pensar em outras coisas. Pensou na paz e como ela era importante. Agora os índios podiam voltar às alegres caçadas e pescarias. Pacificada, a sua gente não tinha mais por que viver trucidando-se uns aos outros. E o melhor de tudo: sem os brancos a infernizá-los. Acreditava que eles cumpririam o acordo. Estava orgulhoso por ter conseguido a libertação dos escravos. Agora, em liberdade, todos iam achar a vida uma beleza. Só faltava Iguassu já estar em casa, à sua espera.

Quando chegou à sua aldeia, percebeu que havia uma festa. À primeira vista, não gostou do que viu: vários brancos amarrados em árvores. À volta deles, índios bebiam, cantavam e dançavam. Perguntou-lhes que loucura era aquela. Será que não sabiam nada sobre o acordo de paz? Por que estavam desrespeitando as leis dos tamoios, que puniam severamente os que rompiam os tratados? Aquilo desmoralizava a todos. Uma coisa dessas era inadmissível, e ele exigia explicações. O que estavam querendo? Desacreditá-lo? Pôr tudo a perder?

Não demoraria a esquecer os brancos presos nos troncos e a farra dos índios. Primeiro, avistou Ernesto e sua filha Potira. Depois, os bons camaradas Parabuçu e seu pai, Pindobaçu. Por fim, Iguassu. Não se aguentou. Deu um pulo de alegria e correu para abraçá-la.

Contaram-lhe tudo. Os brancos amarrados nas árvores eram Heliodoro Eoban, sua mulher e sua filha, que mantiveram Iguassu a ferros durante todo o seu tempo de escrava. Os amigos de Aimberê a haviam libertado, capturando os seus escravizadores. Exultante, e agradecendo a todos, o chefe supremo da Confederação dos Tamoios ordenou que levassem os brancos e os deixassem perto de Bertioga. Agora, não queria mais saber de guerra. Ia amar.

24

Os índios iriam viver um breve e feliz tempo, o melhor de todos, desde que os brancos invadiram o território deles. Com a ajuda de Ernesto, o genro louro de Aimberê, passaram a recusar as bobagenzinhas dos franceses. Nada de paninhos, espelhinhos, perfumezinhos, nihariazinhas. Tornaram-se exigentes. Permutas só por produtos de real utilidade. E assim deram início a um novo processo de importações e exportações. Passaram a receber teares, para fazer redes que exportavam para a Europa, em operações vantajosas. Numa dessas transações, conseguiram algumas cabeças de gado, que desconheciam. Quando as vacas e os bois chegaram, provocaram um verdadeiro pavor, principalmente entre as mulheres. Depois, abismaram-se com a mansidão do gado. E mais novidades foram chegando da França. E eles progrediam, graças ao interlúdio da paz.

Se os franceses procuravam se adaptar à vida dos nativos, o mesmo não se podia dizer dos portugueses, que queriam que os índios a eles se adaptassem, sujeitando-se ao trabalho escravo. Reorganizaram-se e quebraram o acordo de pacificação, que durou pouco mais de um ano.

A guerra recomeçou em Ubatuba. Invadiram a aldeia de

Coaquira e tocaram fogo em tudo. Mataram o velho guerreiro e levaram os sobreviventes. Isso foi só o recomeço. Noutra investida, arrasaram os redutos de Araraí e o mataram também. Retornaram às preagens de silvícolas, por ordens de Brás Cubas, que agora não os escravizava apenas em suas fazendas e engenhos, mas também em expedições para a garimpagem de ouro, pelos sertões. Os tamoios apressaram-se em contra-atacar, em toda a região confederada. E era uma vez a paz na Terra de Santa Cruz.

Foi aí que veio Estácio de Sá. Chegou, lutou e venceu. Mas os tamoios não se deram por vencidos. Dois anos depois, viria Mem de Sá com todo um poder de fogo ainda maior. O resto é o que se sabe.

Anchieta, o cristão pacificador, o José do Brasil, lá estava, atrás das barricadas. Se se lembrava ou não de quando os selvagens lhe pouparam a corcunda, isso era outra história, que já não tinha a menor importância.

25

Morreram todos.
Todos os que já sabiam que iam morrer.
Potira morreu romanticamente ao lado do seu louro Ernesto.
Morreu o papagaio francês, que resistiu o quanto pôde como um autêntico confederado.
E Pindobaçu, o velho Grão Palmeira.
Morreu Iguassu, a amada de Aimberê.
E Panabuçu, o filho de Pindobaçu.
Foi uma carnificina.
Aimberê morreu de pé, como Cunhambebe, o terror dos perós, achava honrado morrer.
E era uma vez os grandes índios.
Não tiveram escolha: escravidão ou morte.

II
No Princípio Deus se Chamava Monan

Quando o homem imaginou que o mundo, e tudo que há nele, é obra de Deus, que o criou à Sua imagem e semelhança, escreveu a mais bela e mais lendária história de todos os tempos. O mito dos mitos, que verdade científica alguma conseguiria suplantar no imaginário humano.

Revisitemos o começo dessa história, ainda que tão somente pelo prazer de reler o mais admirável de todos os textos: *O Primeiro Livro de Moisés chamado Gênesis.*

> No princípio criou Deus os céus e a terra.
> E a terra era sem forma e vazia; e havia trevas
> sobre a face do abismo; e o Espírito de Deus se
> movia sobre a face das águas.
> E disse Deus: Haja luz. E houve luz.
> E viu Deus que era boa a luz; e fez Deus
> separação entre a luz e as trevas.
> E Deus chamou à luz Dia; e às trevas chamou Noite.
> E foi a tarde e a manhã o dia primeiro.

Etc.

E assim se faz a introdução ao capítulo do canibal e a religião — dos mitos dos tupinambás, o povo de Deus há séculos inexistente. Ou: a criação do mundo segundo Cunhambebe. E segundo a versão anotada pelo cristão André Thevet, o franciscano francês.

No princípio, um ente sem começo nem fim, chamado Monan, criou o céu e a Terra e tudo quanto existe.

A Terra era lisa e achatada, sem montanhas nem depressões.

Só tomou a forma que tem quando os homens, que antes viviam em deleite e gozo, passaram a viver desordenadamente, abandonando os seus princípios e desprezando Monan, que vivia entre eles.

Foram então duramente castigados.

Monan os repudiou. E fez Tatá, o fogo, descer sobre a Terra, queimando tudo.

A Terra ficou crestada e enrugada. Então surgiram as montanhas.

Em sua fúria devastadora, o deus Monan só poupou um homem, chamado Irin-Magé. Este único homem poupado, com lágrimas e súplicas, rogou-lhe que apagasse o fogo destruidor.

As súplicas de Irin-Magé deixaram Monan cheio de compaixão. Ele fez cair uma chuva torrencial, inundando a Terra, num grande dilúvio.

Não podendo as águas voltar para o alto, de onde vieram, formaram os mares, lagoas e rios.

A água se chamava então *paranã*. E ficou salgada por causa das cinzas do grande incêndio, que a ela se misturaram.

Depois do dilúvio, a Terra ficou desolada e triste.

Monan decidiu dar mulher a Irin-Magé, para repovoar o mundo com seres melhores.

Dessa união nasceu um grande caraíba, o profeta Maire-Monan, com poderes de transformar uma coisa em outra, de criar seres como as bestas, os pássaros e os peixes, e de transformar homens em animais, como punição por sua maldade.

Maire-Monan era um homem solitário e santo, chegado a grandes abstinências. Com ele, os indígenas aprenderam a seguir o curso do Sol e da Lua, a se guiar pelos astros e distinguir quais os frutos, árvores e plantas venenosos ou salutares, o que lhes serviu muito na cura de chagas e moléstias.

Ele os proibiu de se alimentarem de animais pesados ou vagarosos, para não se tornarem preguiçosos. E ensinou-lhes ainda a depilar seus corpos. Os homens, a barba e o supercílio. As mulheres, os pelos pubianos.

Este mestre e guia vivia entre os homens, sujeito portanto às vicissitudes humanas. Acabaria por despertar o ódio e a indignação de muitos deles, que temiam serem transformados em animais. Mataram-no em solenidade que fingiram promover em sua honra.

Maire-Monan foi morto numa cilada, ao ser desafiado a provar que era o grande caraíba soberano. O desafio: saltar sobre três fogueiras sem se queimar. Saiu-se vitorioso no primeiro salto. Mas na segunda fogueira, caiu sobre o fogo. Sua cabeça partiu-se num estrondo violento. O estampido ensurdecedor chegou aos ouvidos de Tupã, o criador dos raios e dos trovões, que passaram a existir depois da morte estrondosa de Maire-Monan.

Seu descendente direto foi o grande pajé e caraíba Sommay, ou Sumé. Ele gerou dois filhos, Tamendonare e Aricute. Um personificava o bem; o outro, o mal. Viviam brigando horrivelmente. Como Caim e Abel.

Uma briga entre os dois irmãos provocou um segundo dilúvio.

Ao voltar de uma batalha, da qual trazia como troféu o braço decepado de um inimigo, Aricute foi ridicularizado por Tamendonare. Devia ter trazido todo o corpo, e nao apenas um braço. Aricute virou uma fera. E arremessou o braço decepado contra a porta do irmão. A sua atitude raivosa operou um milagre: toda a aldeia onde viviam subiu aos céus, deixando os dois irmãos isolados na Terra.

Tamendonare indignou-se. Bateu com os pés no chão com toda a força. Então surgiu um imenso jorro d'água, que foi aumentando e inundando as planícies e vales, até cobrir toda a Terra.

Os dois irmãos e suas mulheres conseguiram se salvar, subindo em duas árvores enormes. Tamendonare, numa árvore chamada pindona. E Aricute, num pé de jenipapo.

Quando as águas baixaram, mais tarde, os dois desceram das árvores. E cada um deu descendência a povos distintos. Os tupinambás vieram de Tamendonare, o do bem. Ao seu irmão Aricute, o do mal, coube a origem dos tonais hoyanas, mais conhecidos como tominus, que podem ter sido os guaianases, vizinhos e inimigos ferrenhos dos tupinambás. Como Aricute e Tamendonare. Ou Caim e Abel.

Cunhambebe vangloriava-se de sua mítica ascendência quando queria demonstrar que os tupinambás eram melhores que os seus vizinhos desde os princípios dos tempos:

— Somos descendentes de Tamendonare. E tu és saído de Aricute.

O bravo guerreiro não perdia oportunidade de gabar-se. Até da sua lendária ancestralidade.

E assim se contam os mitos e crenças dos tupinambás, que geram uma certa incredulidade, como pôde comprovar o historiador Camil Capaz. Ele não se conformou quando um de seus trabalhos sobre esses mitos, publicado há alguns anos, foi visto como pura obra de ficção. Insistiu em recontá-los, respaldando-se numa entrevista de Claude Lévi-Strauss, na qual dizia o etnólogo francês: "Os mitos são incansáveis e retornam lá onde menos se espera."

Graças à sua insistência e fascínio por um tema "vindo do fundo do baú do tempo", devemos a Camil Capaz a recuperação, em texto contemporâneo, da cosmogonia tupinambá transmitida por Cunhambebe (supostamente) ao frei André Thevet, que a divulgou europas afora, a partir da publicação, em 1575, de sua *Cosmografia Universal*.

Como protesto contra os que consideram a reprodução desses mitos fantasiosa, ele, Camil Capaz, voltou ao tema no capítulo "A criação do mundo segundo Cunhambebe", em suas *Memórias de Angra dos Reis* (de 1996), livro que se lê com encanto, mas que, infelizmente, teve uma edição praticamente clandestina, como se ninguém mais estivesse interessado em história de índios. Alguém aqui está. Vamos em frente.

Estranho cristão, o francês. Dizia que os índios não tinham Deus, rei, nem lei. E no entanto nos legou uma espécie de *O Primeiro Livro de Cunhambebe Chamado Gênesis*. Ou por outra: foi o próprio frade franciscano quem revelou que no princípio Deus se chamava Monan, de acordo com os mitos indígenas. O que impressiona ainda hoje é que tivessem a sua própria visão do paraíso, do dilúvio e de Noé, chamado de Irin-Magé. Isolados como viviam até serem descobertos ou achados, não tinham como ser influenciados pelas crenças religiosas dos brancos, o que exclui a possibilidade de cruzamentos e assimilações.

O imaginário dos silvícolas era feito de mitos e lendas que falavam de Coaraci, o Sol; Jaci, a Lua; Rudá, o deus do amor; Anhangá, o espírito da floresta; Curupira, o protetor da caça; Iara, a deusa das águas; Boitatá, o fogo-fátuo etc. Além disso, acreditavam na força do maracá, um instrumento musical chocalhante feito com uma cabaça pintada de vermelho, presa a um pedaço de pau e adornada de penas coloridas. Depois de "preparado" pelo pajé, tornava-se um objeto de adoração, uma divindade, a comandar todas as festas religiosas, guerreiras e recreativas.

Se Deus era Monan, o rei se chamava Cunhambebe. Nas palavras do próprio cristão franciscano: "grande rei selvagem, o mais temido de todo o país". Como tal foi recebido por Villegagnon, o vice-rei da França Antártica. Assim mesmo: com todas as honras de chefe de Estado. Em seus melhores trajes, os soldados do Forte Coligny perfilavam-se compenetrados, segurando o riso. Ao desfilar diante deles, Cunhambebe dava um espetáculo impagável: socando o peito e as pernas, vangloriava-se, aos gritos, de seus feitos de guerra e dos milhares de inimigos que havia devorado. Nesses momentos, Villegagnon, o austero de sempre, proibia a soldadesca de achar graça, para não irritar o seu espalhafatoso hóspede. E assim foi por 30 dias, período em que "o grande rei selvagem" deixou os franceses convencidos de suas habilidades nas artes da guerra, pois deu-lhes algumas lições de defesa, ao aconselhar que ocupassem as ribeiras e ilhas em torno do Rio de Janeiro e nelas construíssem fortificações.

Pois é, meu querido canibal: o cristão francês confessou que ouviu de você tudo sobre Monan, Maire-Monan e demais entes da mitologia tupinambá. E concluiu que vocês chamavam de *mairs* todos que consideravam excepcionais, como os franceses, que se achavam, desta maneira, tratados como seres sobrenaturais, semideuses. Ou seja, puxou a brasa para a própria sardinha. "Como tais louvava-nos e exortava-nos, deitado em seu leito, o grande rei *Guoniambec*; e nós, a ouvi-lo discorrer com sua grossa voz, imaginávamos ter de volta a sua e a raça de seus pais, consumida pelo dilúvio."

Vocês os chamavam mesmo era de *mairs*, talvez porque eles vivessem se tratando uns aos outros de *maitres*. Há quem ache, porém, que *mair* vem de *mbayra*, que quer dizer "cor de mel" (louro), no caso, uma alusão à cor dos cabelos deles. Diz-se isso e mais aquilo, tudo não passando de suposições. Outra delas: *mair* pode significar "o que veio de longe."

Por falar em viajantes, não são poucos os que duvidam que o franciscano Thevet tenha estado com você. A razão da desconfiança: o encontro de vocês teria acontecido em 1555, e o relato dele só foi publicado 20 anos depois. Como nessa história a palavra mais empregada é *presumivelmente*, presume-se que o frade francês ouviu tudo dos piratas que iam e vinham, tagarelando muito, como papagaios faladores. Não era assim que você os chamava? E quão loquazes eles eram, hein? Bota papagaio nisso.

O louro franciscano era faladorzinho como um corno. Disse que vira você se ajoelhar e rezar. "Ele tinha tão grande prazer em nos ver rezando, que se prostrava de joelhos e alçava as mãos ao céu, como fazíamos; e ficou tão interessado em conhecer nossas preces, que me pediu para ensinar-lhe algumas. Procurei, então, com a ajuda de um escravo cristão, traduzir para a sua língua nossa oração dominical, a saudação angelical e o sinal dos apóstolos, a fim de atrair este grande rei e seus seguidores ao conhecimento de sua salvação e à admiração das obras de Deus." Isto quer dizer que, para o cristão francês, a sua salvação estava na reza dele e não nas seculares crenças de seu próprio povo. Por outras palavras: para salvar sua alma, você tinha que esquecer Monan e mudar de Deus.

Dá para imaginar o selvagem descrito como "repelente" e "monstro" por historiadores de ilibada reputação (Rocha Pombo, por exemplo), prostrado de joelhos e levando as mãos aos céus, como um penitente franciscano? Há mais surpresas no capítulo das crenças. Cunhambebe, o canibal com "uma coragem de bruto obcecado", acreditava na existência da alma. Dedução do mesmíssimo frei André, que deu a entender ter ouvido dele o seguinte: "Então tu não sabes que depois da morte nossas almas se retiram para uma terra longínqua e aprazível, onde se reúnem com muitas outras, conforme nos contam os pajés que as visitam frequentemente e conversam com elas?" (Nota do historiador angrense Camil Capaz: "O conceito de imortalidade da alma era desconhecido pelos selvagens, sendo tal ideia, portanto, uma interpretação exagerada de Thevet.")

— Esse sujeitinho mentiu muito. Em suas narrações e memórias, fez digressões falsas e injuriosas. Vejo-o daqui, tal um Golias, a fulminar-me e, verificando que lhe descobri as trapaças, contra mim dirigir os próprios cânones do papa. Mas para me combater deveria fazer ressuscitar *Quoniam begue*, com suas duas peças de artilharia sobre os ombros nus, como ridiculamente o pintou em sua *Cosmografia* (imaginando que acreditassem que esse selvagem, sem temer o recuo das peças, assim pudesse atirar...).

Calma, grande chefe. Fique frio aí na sua cova. O exposto linhas atrás é uma velha briga de brancos. Ou: a histórica peleja entre católicos e protestantes. De um lado, o capuchinho André Thevet. Do outro, o calvinista Jean de Léry, passageiro genebrino da segunda leva — em três navios, com cerca de 300 pessoas — de franceses de Villegagnon ao Rio de Janeiro, em 1557, aqui chegando 13 meses depois da partida do franciscano e permanecendo por quase um ano, boa parte desse tempo vivida entre os tupinambás, devido às querelas e hostilidades entre os seus, capitaneadas por um senhor Villegagnon, no Forte Coligny. Os dois

— um frade e um sapateiro estudioso de teologia — em princípio partilharam o mesmo sonho: executar a empresa de conquistar na América novas terras para a coroa da França e pregar o evangelho no Novo Mundo. Fracassaram redondamente em seus objetivos. Mas tornaram-se, junto com o alemão Hans Staden, o que se passou a chamar de escritores-viajantes, todos a excitar a imaginação da velha Europa com suas narrações de viagens a um país exótico e de suas estadas entre os selvagens. Lévy e Thevet não tiveram o menor problema com os canibais. Iriam ter entre eles mesmos. Só faltou se comerem, na guerra da volta. No centro do campo de batalha, a paixão religiosa, que produzia massacres, a ponto de levá-los a buscar refúgio no Brasil, onde as disputas continuavam e refaziam o caminho, no regresso dos contendores. Em termos de hoje, diríamos que a religião sempre fez da Europa uma Bósnia.

Certo, chefe, o cristão franciscano o tratou com um fascínio de deslumbrado. Mas atenção: ele também chamava os da sua tribo — o seu povo, portanto, o que o inclui — de "selvagens brutais e estúpidos". Bem, o calvinista grafava o seu nome assim: *Quoniam begue* e *Konian-Bebe*. O católico: *Guoniambec*. O alemão Hans Staden: *Konyan-bébe*. Outros: *Ku-ñā-béba, Kuña-beba, Kuñambéba*. Dizem também que é uma corruptela de *Cunhã-bêbo*, que significa *parecido com mulher*. São tantas as grafias quantas as atribuições de significados ao seu nome. Coisas assim: Cunhambebe = o voar da mulher, mulher gorda, pássaro valente, indivíduo de fala arrastada.

Bom, vamos ver se chegamos a uma conclusão sobre os três pontos que levaram os brancos a produzir a frase de maior impacto sobre o Novo Mundo: "Uma terra sem Deus, sem rei, sem lei."

1. André Thevet: "Eu sei com segurança que esse povo não tem religião, nem escrituras, nem práticas rituais, nem conhecimento das coisas divinas."

Um certo senhor Marest diz que a religião dos selvagens "consiste apenas em umas tantas superstições".

Outro cristão, de nome N. Perrot: "Algumas tribos não tinham sequer uma palavra para exprimir a ideia de Deus."

(Rodapé: as linhas acima são de notas a um capítulo de Jean de Léry sobre a religião dos selvagens da América, às quais o seu tradutor, o escritor paulista Sérgio Milliet, faz a seguinte ressalva: "No pé em que se encontravam os estudos de antropologia cultural em 1878 (ele se refere ao ano da introdução dessas notas no livro de Léry), não eram de estranhar tais observações. Muito menos o seriam as dos viajantes do século XVI. Hoje, porém, temos por certo que as culturas primitivas, ou melhor, do *folk*, são essencialmente religiosas em todas as suas manifestações. É mesmo esse aspecto que melhor as diferencia das 'civilizações', que são mais complexas e profanas.")

2. Rei, porém, e no que concerne a uma terra chamada Brasil, tinha, como já vimos. Recapitulando: era o senhor desta história. Quem o garante é o próprio franciscano francês.

3. "Não há nenhuma lei entre eles; não sabem o que seja orar e vivem como feras" (de um cristão chamado Champlain).

Jean de Léry (em *O que podemos chamar leis e policiamento entre os selvagens*, capítulo de *Viagem à Terra do Brasil*):

"É coisa quase incrível, e de envergonhar os que consideram as leis divinas e humanas como simples meios de satisfazer sua índole corrupta, que os selvagens, guiados apenas pelo seu natural, vivam com tanta paz e sossego. É evidente que me refiro a cada nação de *per si* ou às que vivem como aliadas, pois os inimigos já sabemos como tratam.

Se acontece brigarem dois indivíduos (o que é tão raro, que durante a minha permanência de quase um ano entre eles só me foi dado presenciar duas vezes), não procuram os outros separá-los ou apaziguá-los; deixam-nos até furarem os olhos mutuamente sem dar palavra. Entretanto, se um deles é ferido, prendem o ofensor, que recebe dos parentes próximos do ofendido ofensa igual e no mesmo lugar do corpo; e ocorrendo morrer a vítima, os parentes do defunto tiram a vida do assassino. Em resumo, é vida por vida, olho por olho, dente por dente etc. É verdade que isso sucede muito raramente entre os selvagens, como já ficou dito."

Poderoso chefão: se naquele tempo já existissem vacas e negros por aqui, diríamos que os tais papagaios palradores falavam mais do que o nego do leite. E que só não acabaram dando bom dia a cavalo porque esse quadrúpede também inexistia. Nem tudo, porém, era conversa fiada. Ou é papo furado a história de que o capuchinho francês o visitou, em sua aldeia? Ele descreveu até como era a sua casa: uma cabana com cerca de 100 pés de comprimento por 18 de largura, coberta com galhos de palmeiras e cascas de árvores. Acima da cabana, havia grande quantidade de crânios de portugueses e índios, sobre longas varas enterradas no chão.

Em seu arraial, que ficava no Ariró, em Angra dos Reis (*Revière des Vases*, para o francês), tinha ainda seis peças de artilharia, que você havia tomado no muque de duas caravelas portuguesas. Assim como tomou do fidalgo Ruy Pinto a grande cruz vermelha e a vestimenta completa de cavalheiro de Cristo. André Thevet vangloriou-se de "habilmente" as ter comprado a um de seus filhos. Não perdeu a viagem. Da qual, aliás, voltou cheio de histórias para contar.

Contou mais: que você era capaz de partir para a batalha com dois canhões aos ombros para com eles atirar contra os inimigos. Com as duas peças sobre as espáduas, você levantava o moral da sua tropa, encorajava-a. Disse ele ainda que, durante a sua estada no Rio de Janeiro, "esse grande e temido Cunhambebe atacou e tomou seis navios a portugueses e índios inimigos, que foram na maioria mortos e devorados".

Ele, o cristão francês, chamou a sua região (baía da Ilha Grande, Angra dos Reis) de "importantíssima", com suas planícies e montanhas, "das mais belas e agradáveis que já vi, tanto em florestas verdejantes, e são muitas, como também porque dessas belas montanhas se poderia tirar grande proveito, por suas minas de ouro" etc. Embolsou umas pedras verdes como esmeralda, falou da existência de belos mármores, jaspes e pórfiros, viu nas montanhas bestas rapinantes, bem como leopardos e lobos-cervais, símios em grande variedade, espantando-se com um tipo deles "inclinado à luxúria". Enfim, gabou-se de haver caminhado mais de 60 léguas pelas matas adentro, na companhia de alguns de seus guerreiros. Quer dizer, aproveitou a viagem para desenferrujar as canelas e encher os pulmões de oxigênio. Hoje diríamos que ele foi à selva para fazer turismo ecológico. Jamais se tornaria um senhor dela.

Nem todas as suas linhas foram maltraçadas. Legou-nos algumas bem simpáticas. Veja e leia:

"É um prazer ver nossos selvagens voltarem para suas choças, alegremente, tocando seus instrumentos de conchas e frutos secos, e tirando deles tal harmonia que diríamos as trombetas de nossos cocheiros acrescidas de cantos."

"Nossos selvagens?" *Pas mal.*

Preclaro Cunhambebe: tudo bem, os franceses foram mais diplomáticos, portanto mais malandros com vocês do que os portugueses, os perós que tingiram rios e mares com o sangue dos confederados tamoios. É justo reconhecer também que entre os franceses não havia apenas piratas, contrabandistas, traficantes, padres e ministros da igreja reformada. Havia também os que preferiram viver como os selvagens, adaptando-se à vida tribal. O calvinista Jean de Léry, que passou por todos os tormentos que um cristão é capaz de suportar neste mundo, mas que teve a sorte de escapar de ser afogado por Villegagnon, de morrer de fome, de ser morto e devorado pelos seus esfomeados companheiros na penosa viagem de regresso, ainda que para chegar à Europa em pele e osso — pois o severo religioso mostrou-se chocado ao trocar o convívio dos índios pelo retorno ao reino dos brancos. Reviu o seu próprio mundo, do qual se ausentara por apenas pouco mais de um ano, com estranheza e desolação. Sim, a Europa era a sua casa, e a amava, mas nela passara a se sentir como um peixe fora d'água. O que o decepcionava: a pouca ou nenhuma devoção; as deslealdades de uns para com os outros; as dissimulações e palavras vãs. Por isso, muitas vezes lamentava não ter ficado entre os selvagens, nos quais havia observado "mais franqueza do que em muitos patrícios nossos com rótulos de cristãos". Como você pode ver, velho guerreiro, vindo de quem vieram — *presumivelmente* de um empedernido calvinista —, as linhas atrás são um elogio consagrador ao caráter e ao modo de vida do seu povo.

Com certeza os portugueses não leram Jean de Léry. E se o fizeram, foi tarde demais. Já tinham liquidado os selvagens em quem o calvinista via mais franqueza do que em seus patrícios com rótulos de cristãos.

Agora, tem uma coisa, ilustre Cunhambebe: você não imagina de que os franceses reclamavam em relação a vocês. Veja só: "Deviam, pelo menos, usar cuecas..." É, a nudez dos indígenas sempre foi um espanto para os brancos, todos eles. Claro, os corpos nus chocavam-se com os pruridos de olhares religiosos. Mas não era só isso. Ou isso só incomodava de fato a padres e calvinistas. A reclamação era mais contra certos odores a exalar de reentrâncias desnudas, perceptíveis em contatos mais próximos, homem a homem, como numa caminhada corpo a corpo, lado a lado, daí eles trazerem tantos perfumes de Paris, em meio as bugigangas para escambos. Trocando em miúdos: no fundo, no fundo, os franceses consideravam vocês, literalmente, uns bundas-sujas. Ler isso hoje causa surpresa. Afinal, quem sempre teve fama de não ser chegado a um banho? Nessa, o índio tá limpo.

Sem Deus, sem rei, sem lei.

No princípio o mundo não existia. As trevas cobriam tudo. Quando não havia nada, brotou uma mulher de si mesma. Surgiu suspensa sobre seus bancos mágicos e cobriu-se de enfeites que se transformaram em uma morada. Chamava-se *etãn bë tali bu* (quartzo, compartimento ou camada). Ela própria se chamava Yebá bëló (terra, tataravó), ou seja, avó do universo.

Assim se inicia a história da criação do mundo segundo a mitologia do povo desâna — índios do Rio Negro, na Amazônia —, que fala de incêndios e enchentes no princípio de tudo o que existe.

Os primeiros seres gerados pela avó do universo foram cinco homens-trovões. Yebá bëló disse-lhes: "Gerei vocês para criarem o mundo. Cabe-lhes, agora, imaginar um modo de fazer a luz, os rios e a futura humanidade." Fizeram os rios, mas não conseguiram fazer o resto. Então ela decidiu criar outro ser que lhe obedecesse. Fumou um cigarro, e da fumaça surgiu um ente invisível. Saudou-o, dizendo: "*Ëmëkho sulãn Panlãmin*" (bisneto do universo). E chamou-o de Yebá ngoamãn, o criador da terra. E disse-lhe que havia mandado os *ëmëkho ulãn* (irmãos do universo) criarem o mundo e a futura humanidade e que eles não souberam fazê-lo. "Faça-o você, que hei de guiá-lo." Ele aceitou a incumbência, chamando-a de tataravó do universo. Depois ergueu seu bastão mágico com chocalho, insígnia de chefia, que também era invisível, e o fez subir até a torre do grande morcego. Era a força dele que subia, e ali parou. Yebá bëló cumpriu a promessa de guiar o seu bisneto. Enfeitou a ponta do bastão com adornos masculinos e femininos (penas vermelhas de tucano e amarelas de japu). Os enfeites brilharam de várias cores: branco, azul, vermelho e amarelo. Acrescentou ainda enfeites especiais, brincos existentes na natureza, também de feição masculina e feminina. E aí a ponta do bastão assumiu um rosto humano, dando luz onde havia escuridão até os confins do mundo. Era o Sol que acabava de ser criado.

E a história, vinda de tempos sem começo nem fim, continua. Contada por índios que ainda sobrevivem, quase que por teimosia, à beira dos rios e igarapés da Amazônia. Os que já não existem contavam-na de outra maneira. Com toda certeza, são tantas as versões da criação do mundo quanto eram as tribos, as nações, os povos.

No princípio Monan era um dos nomes de Nhanderu ou Namandu, o criador do mundo ou bisavô do Universo, que se foi desdobrando em vários heróis míticos. Então, no ano de 1549, chegou ao Brasil um padre jesuíta chamado Manuel da Nóbrega, que não quis saber dessa história. Deus era Deus. Não tinha pseudônimo, apelido, codinome. O resto era lenda.

O provincial jesuíta foi taxativo, ao declarar que os índios brasileiros não tinham o conceito de um Deus cristão. Nem podiam ter. Não eram cristãos. Mas eram obrigados a rezar pela cartilha dos brancos, mesmo antes de conhecê-los. Índio não saber da existência de Deus e da imortalidade da alma era um crime hediondo, sujeito à pena de morte. Ter suas próprias crenças não servia de atenuante.

Por ironia do destino — e que ironia, qual destino! —, os "filhos do Pai Supremo" não tiveram um Deus que os salvasse, um rei que os protegesse, uma lei que os amparasse.

Amém.

III
VIAGEM A ANGRA DOS REIS

Ou:

Não enterre o meu coração nas curvas destas estradas, florestas e águas, outrora de sonho e fúria.

1

Em busca das trilhas perdidas

Copacabana, 10 horas. Dia: terça-feira. Mês: novembro. Ano: no limiar do sexto século do descobrimento do Brasil.

Muita água rolou debaixo das pontes destes rios e mares, pensa o homem que saiu de casa nessa manhã ensolarada, deixando para trás os alfarrábios da sua consumição — pilhas aos montes de páginas ensebadas —, nessa perquirição insana feita de tralhas, atrás da história das batalhas perdidas, datas exatas, nomes corretos, mitos, fábulas. Em busca, principalmente isto, da história dos que aqui estavam quando os brancos chegaram, e com começo, meio e fim. Até aqui, só tem encontrado retalhos, fragmentos, e sempre com a indefectível ressalva: "presumivelmente foi assim". Foi? Não foi? Às vezes chega a parecer que os índios nem existiram. Vai ver foram só um delírio dos europeus. Personagens de suas ficções.

A esta altura, no que concerne ao extermínio deles, tudo lhe parece, a ele, o narrador desta história, unicamente, mais um produto da cobiça humana. Mas houve também sonhos por trás de toda a cupidez, o que rima com estupidez. Aí chega-se à sanha da conquista.

— Você está ficando é maluco — disse-lhe a sua mulher, ainda há pouco. — Ficou obsessivo. Deu até para falar disso enquanto dorme.

— E de que é que eu falo dormindo?

— Ora, de quê! De índio, de pirata, de tudo que está nesta livralhada espalhada por toda a casa. E isso não é nada. O pior é quando acordo sobressaltada com você gritando: "PERÓS!"

— Desculpa, tá?

— Tudo bem, mas...

— Mas o quê?

— Deixa pra lá.

— Fala, mulher!

— Você vai acabar virando um canibal.

Ele riu. E foi saindo. Tinha que ir à luta.

Isto é para dizer que o passageiro deste capítulo, depois de uma noite de embates com as almas penadas dos anos 500, ainda por cima acalentada pelo som e a fúria das rajadas de balas no morro ao pé da sua cama — lembre-se, trata-se de um morador de Copacabana —, ainda assim saiu de casa de bom humor. O tempo ajudava: era um belo dia, no esplêndido azul de Machado de Assis, o azul demais de Vinicius de Moraes. Vontade de sair por aí assoviando *Manhã de Carnaval* (*Manhã, tão bonita manhã/ na vida, uma nova canção* etc.) e nunca mais voltar. De fazer-se de azul e sumir no infinito, lá onde nenhuma bala perdida poderia alcançá-lo.

Atravessou o portão de ferro do edifício onde mora, passando por uns garotos de um colégio ali perto que puxavam um fumo, já chapadões às 10 horas da manhã, incensando o ar com o cheiro da erva. O cantão do fumacê é uma zona franca 24 horas, *non-stop*, ao pé de uma escada que dá acesso aos morros do Cantagalo, Pavão e Pavãozinho, mais ou menos onde o Suriname faz fronteira com Amsterdã.

Fez vista grossa para a garotada uniformizada e de baseado em punho, fingindo não estar nem aí, embora por um momento se sentisse tentado a saudá-la com um hino patriótico do seu tempo de colegial — *Avante, camaradas, ao tremular do nosso pendão/ Avante, sem receio, que em todos nós a pátria confia/ Marchemos com galhardia, avante!* —, mas achou por bem não se meter com a turma. Vai que um maluco esteja armado e não goste da brincadeira... "Aí, ó, tudo beleza? E os boletins deste mês, maravilha?" Os garotos matando aula, trocando a escola por um barato ao ar livre, isso levou-o a pensar de novo nas batalhas de antigamente, perguntando-se, como o personagem do peruano Mario Vargas Llosa, o Zavalita de *Conversa na catedral*: em que dia mesmo o Brasil se fodeu? E se encaminhou para a esquina de uma rua chamada Sá Ferreira com outra de nome Bulhões de Carvalho, já com uma nova pergunta na cabeça: quem foram, afinal, estes homens chamados Sá Ferreira e Bulhões de Carvalho? E por que não havia nomes de índios nas ruas da cidade dos tupinambás? (Aqui, lembra do que sua mulher lhe disse e lhe dá razão. Está ficando obsessivo mesmo, deste jeito vai parar é debaixo dos eletrochoques.)

 Postou-se na esquina à espera de um táxi. Ia para a rodoviária. Lá pegaria um ônibus para Angra dos Reis, onde esperava poder refazer as trilhas de Cunhambebe, o caboclo tupinambá, seu tipo inesquecível. Por alguns instantes, olhou em volta. No fundo sem saída da rua, atulhado de automóveis, garotos batiam bola, numa grande algazarra. (Bom, nem todos estavam puxando um fumo.) Na outra esquina, um bando de adolescentes escornava-se sobre capotas, bebendo cerveja em lata e olhando para ontem, completamente lesos, sem o menor interesse em saber as horas. Perguntou-se: quais seriam os seus sonhos? O que queriam ser quando crescessem? De que viviam? Anciãos trafegavam lentamente, um passo hoje, outro depois de amanhã, como se postergassem a morte na fila dos aposentados. Donas de casa arrastavam os seus cachorrinhos, para emporcalhar as calçadas, com certeza. (Isto é sujeira, madames.) Outras portavam carrinhos de feira e sacolas de supermercados, não é neles que elas chegam ao paraíso? De vez em quando passavam vendedores de qualquer coisa, *camarões fresquinhos/olha a pamonha/ um saco de laranja por apenas...* E passavam, empertigados, evangélicos de preto da cabeça aos pés, *o Senhor é o meu pastor/Jesus é a salvação/o Senhor é o meu pastor...* e bêbados e pirados de toda espécie e qualidade, que não têm nem querem ter quem lhes salve. Uma fauna variada, ainda assim menos representativa do bairro do que a que desfila nas ruas e avenidas principais, Atlântica, Nossa Senhora de Copacabana e Barata Ribeiro. Alguém já havia lhe dito que em Copacabana todo mundo parece drogado, é, hoje fala-se muito mal de Copacabana, que, para começar, tem a maior população de rua da cidade — os populares sem-teto, almas penadas das calçadas, ou zumbis martirizados do tempo, *sem Deus, sem rei, sem lei.* A ex-princesinha do mar, de tantas glórias passadas, tão louvada em prosa e verso, está crivada de balas e levando muita porrada: velha (já passou dos 100 anos), aposentada, decadente, viciada, desempregada, esmoler, ociosa, prostituída, aidética, assaltante e assaltada (sinta aí o cano do tresoitão na sua nuca, cavalheiro, a bolsa ou a vida, minha senhora), barulhenta, e engavetada em caixotes empilhados entre o lixo e o luxo. Em Copacabana, recomenda-se permanecer em casa o máximo de tempo possível. Pelo seguinte: se os seus moradores descerem às ruas ao mesmo tempo, não haverá lugar para todos.

Mas ele, o transeunte postado na esquina à espera de um táxi, não podia negar que gostava de Copacabana. Acostumara-se a viver numa fronteira perigosa, onde se sentia um correspondente de guerra. O bairro é trepidante mesmo (OK, João Guimarães Rosa, viver é muito perigoso, principalmente em Copacabana), mas nele ninguém pode se queixar de falta de assunto.

As suas confabulações urbanas, em meio aos recortes contemporâneos vívidos e fluidos e algo apavorantes, são interrompidas de repente por uma senhora muito magrinha que sai do bar logo em frente e vem até ele. É a dona Maria, que está ainda mais mirradinha do que sempre foi e agora parece enlutada até a alma. Ela chega e o abraça, chorando.

— O que houve, dona Maria? O que aconteceu?
— O Joaquim, sabe? O seu amigo Joaquim.
— Mas o que aconteceu com ele?
— Morreu.

Ai, meu Deus. Dona Maria ali aos prantos, começando a contar uma longa e triste história luso-brasileira, ela agora estava só no mundo, tendo de aguentar sozinha a barra daquela casa de bêbados, e ele com hora marcada para chegar a Angra dos Reis. Disse-lhe palavras confortadoras, como as circunstâncias exigiam, deu-lhe os pêsames, como manda a praxe, e desculpou-se pela pressa, depois falaria com ela etc., e entrou num táxi, pensando em seu Joaquim; afinal, o português do botequim da esquina era um bom sujeito, ele morreu, coitado, "de câncer no pulmão", ela dissera. Não, não fora de bala nem de susto que ele morrera, mas de vício. "Também, não largava o maldito cigarro..." Oh, raios! Pensou também nos outros portugueses daquela área, o seu Manuel da padaria, sempre gentil, "ora viva", e o seu Gaspar da mercearia, ladrãozinho que só ele, mas muito amável, "ora, pois, pois, muitos bons dias", todos, quem sabe, roubando no peso, para amealhar uns trocados para a compra de uma quinta nas suas aldeias de origem, no outro lado do Atlântico, menos o seu Joaquim do botequim da esquina, o coitado que já não pode mais sonhar com isso, porque naufragou na fumaça do seu cigarro, que porra. Portugueses como estes poderiam ser chamados de perós?

E vamos em frente.

O motorista do táxi diz o que todos dizem: que pela Avenida Atlântica o trânsito é melhor. O passageiro não concorda nem discorda. Responde: "Pelo menos o caminho é mais bonito." Aqui sempre se tem o consolo da paisagem.

O táxi avança pela Francisco Sá (quem foi esse aí? Índio não era, com certeza) e dá de cara com o mar-oceano. Explosão de luz. O esplendor das águas. Com direito a uma bela trilha sonora, assinada por Vinicius de Moraes: *Por que são tantas coisas azuis? E há tão grandes promessas de luz?* Outro artista da mesma estirpe, chamado Chico Buarque de Holanda, inscreve neste quadro uma legenda que parece inspirada nas primeiras linhas do Gênesis: *Luz, quero luz...*

No princípio era a água, ele pensa.

Não havia chão para estes edifícios, para esta cidade assentar-se.

Em priscas eras, onde hoje é o Rio de Janeiro era um arquipélago. As montanhas atuais, que viraram os seus cartões-postais, foram ilhas que, no decorrer do tempo, e pela erosão natural, forneceram entulhos para as águas circundantes, começando então, lentamente, e por volta, a formação de uma planície de várzeas, charcos, pântanos e mangais. Aqui vivemos sobre as águas.

Nosso passageiro encanta-se com essa história. Ele veio de uma terra sem água, num ignoto sertão, a uns 2 mil quilômetros de distância de todo esse manancial. Lá, quando chovia, os homens vestiam terno branco e rolavam na lama, loucos de alegria.

Queimou muito a sola dos pés com um pote na cabeça, em busca de água. À noite, sonhava com o mar. Agora teme que as águas deste Rio um dia se revoltem e engulam a cidade.

O táxi entra na Avenida Princesa Isabel e para no primeiro sinal. Bem, ainda estamos em Copacabana, mas já de costas para o mar, para as águas. Vendedores de mil e uma bugigangas aproveitam a parada do trânsito para correr de carro em carro, tentando descolar algum trocado. O passageiro pensa na princesa que deu nome à avenida. Foi ela quem decretou a abolição da escravatura, em 1888 — nunca é demais lembrar —, há mais de um século, portanto. Livres, os escravos invadiram as ruas do Rio de Janeiro, sem saber o que fazer de si mesmos. Agora, tanto tempo depois, as ruas não estariam atulhadas de pretos, mulatos, morenos, amarelos e brancos em condições semelhantes?

— Veja no que está dando a falta de emprego — comenta o motorista, apontando para mais um ambulante vindo em direção à sua janela. — E o pior é que, se não conseguem vender nada, com que cara vão voltar pra casa, onde têm mulher e filhos pra sustentar? É aí que passam a nos assaltar.

O passageiro desta vez tem de estar de pleno acordo com o motorista. E pensa no elevado contingente de ambulantes e também no excesso de bugigangas, com toda probabilidade possível produtos do trabalho escravo nas masmorras da Coreia e de Taiwan, embalados por empresas globalizantes. Nem Dom João VI, o príncipe regente que ao chegar ao Brasil, em 1808, decretou a abertura dos portos, poderia imaginar que o seu primeiro feito brasileiro um dia iria ter desdobramentos tão incontroláveis. E pensa mais, o passageiro dessa bela manhã de novembro: já não se fazem mais motoristas de táxi como antigamente. Cadê os portugueses bigodudos de lápis atrás da orelha, os crioulos parrudos e suarentos, e os temíveis bandalhas? Era uma vez a barra pesada. Agora, pegar um táxi já não é mais uma aventura, perigosa e emocionante. Agora, motoristas de táxi são *gente fina*. Ex-engenheiros da chiquérrima PUC, a excelsa Universidade Católica do Rio de Janeiro, ex-profissionais pós-graduados nas melhores instituições de ensino federais, estaduais e particulares, enfim, PhDs aos montes em disponibilidade, e ex-jornalistas, ex-publicitários e demais defenestrados pela reengenharia universal, todos a bater lata por ruas e ruas selvagens e ermas... de passageiros! Em contrapartida, o papo nos táxis, para aliviar a tensão do trânsito, passou a ter nível acadêmico.

Cuidado, passageiro. Vamos com calma nesse entusiasmo. Não se sinta em total segurança. Não leu as primeiras páginas deste 9 de novembro? "Após desembarque no Galeão, na noite de domingo, o casal francês Yves e Martine Halin, que ficariam hospedados em um hotel em Copacabana, foi levado de táxi para Itaguaí (Região Metropolitana), onde Martine foi assassinada. Yves contou à polícia que, no aeroporto, aceitou a indicação de táxi feita por um homem que falava francês e que embarcou com eles. Depois de uma hora rodando, o homem anunciou o assalto, pedindo joias, dinheiro e bagagem. O casal desceu do carro e correu, mas Martine caiu e foi alvejada. Yves diz que escapou porque entrou no mato à margem da estrada." O francês não é um flibusteiro como os de antigamente, mas um engenheiro que veio participar de um simpósio sobre segurança — em voos. Em terra, caiu no conto de um táxi pirata. Foi atropelado por um bandalha que fala a sua língua.

O motorista se apressou em defender a classe, dizendo que o assassino não era um profissional cadastrado. Era um assaltante que se fez passar por taxista. Ficou a pergunta: como distinguir entre um motorista honesto e um bandido?

E agora, senhores passageiros, estamos passando pelo esplendor dos esplendores: a enseada de Botafogo. Relaxem e aproveitem. Eis aí o Rio do meu e dos seus olhos. A prova definitiva de que, se Deus fez o mundo em sete dias, tirou um para fazer esta cidade. Acompanhemos as cenas a perder de vista, seguindo as legendas de Luiz Edmundo, um memorável cronista carioca: "A baía azul reflete o céu turquesa. Estão as montanhas em círculo, enroupadas de verde, insólitas no relevo... O cenário é teatral. Encanta. Enleva. Ofusca. Nesse painel de sonho, olha-se em frente o mar, que mal se enruga ao vento..." Eis aí o mar dos tupinambás, e dos portugueses, franceses e demais invasores d'antanho. Um escritor norte-americano imaginou os holandeses perdendo a respiração no dia em que chegaram à ilha de Manhattan. O que dizer dos que viram pela primeira vez a baía da Guanabara?

Aterro do Flamengo. Pausa para a releitura de um poema d'além-mar, cujo autor dispensa apresentações:

> Ó mar salgado, quanto do teu sal
> São lágrimas de Portugal! Por te cruzarmos, quantas mães choraram,
> Quantos filhos em vão rezaram!
> Quantas noivas ficaram por casar
> Para que fosses nosso, ó mar!
>
> Valeu a pena? Tudo vale a pena
> Se a alma não é pequena.
> Quem quer passar além do Bojador
> Tem que passar além da dor.
> Deus ao mar o perigo e o abismo deu,
> Mas nele é que espelhou o céu.

Ó grande vate! Com todo o respeito: fizeste um poema alambicado como um corno. "Lágrimas de Portugal?" Sei não, isso parece da lavra de outra pessoa. Tu não achas de gosto duvidoso aqueles dois outros versinhos que soam como que feitos sob encomenda de alguma tasca ou pastelaria de Lisboa? Se algum dia ressuscitares, tenta lê-los em voz alta. Com certeza irás morrer de vergonha. Ouve lá, ó pá: "Valeu a pena? Tudo vale a pena/ Se a alma não é pequena". Hoje, aqui no aquém-mar português (ou ex-português, vá lá), isto é citado por dez entre dez emergentes da Barra da Tijuca — umas famosas louras nem tão burras assim que, quando ficarem ainda mais ricas, vão se mudar para Miami. E o fazem, com charme e desenvoltura, diga-se, para justificar os seus (delas) investimentos em redes de motéis de alta rotatividade. Quando perguntadas se o negócio de motéis ainda vale a pena, tomam-te de empréstimo a resposta. E lá vem: "Tudo vale a pena/ Se a alma não é pequena". Como vês, louras, sim, burras, não. Sabiamente, apelam para o "recurso do verso" para dar o assunto por encerrado, deixando uma charada no ar, e afastando assim os olhos grandes do fisco, o mau-olhado da concorrência, a excomunhão da Santa Madre Igreja (motéis, né?, tu sabes). Queres saber mais? "Tudo vale a pena/ Se a alma não é pequena" são os dois versos que fizeram de ti um campeão de audiência nos programas de papos-furados, aqui chamados de *talk-shows*. Tem sempre um boboca qualquer a citar os teus versos, querendo com isso dar um rumo letrado ao blá-blá-blá televisivo, e a se dar fumos de erudição. Eia, sus, cáspite! Borda merda. A pergunta agora é: valeu a pena escreveres isto?

Certo, valeu a pena ter uma língua que deu poetas como tu, mas o que querias com esses versinhos de tasca ou de pastelaria e agora também de motel? Aplacar a má consciência lusitana, se é que ela existiu e existe? Passar uma esponja em toda uma história de cobiça e sangue? Afinal, de quem foi a dor, além e aquém do Bojador?

Impossível te ler sem ver a tua pessoa. Uma pessoa triste, melancólica, soturna. Como se nunca tivesses merecido o direito a um único dia de sol. Assim é o teu retrato, principalmente aquele pintado por Almada Negreiros e que decorava uma parede de um restaurante no Rossio, em Lisboa, ainda hoje frequentado por pessoas tão tristes quanto tu. Vestido de preto da cabeça aos pés, mais pareces um pastor protestante que, pelo olhar perdido, a mirar lugar nenhum, desencantou-se com o Senhor. E assim te tornaste uma pessoa sem salvação ou o ancestral mais próximo do vampiro de Curitiba.

Um dia, vi esse teu retrato reproduzir-se numa multidão. Foi na cidade do Porto, aquele burgo medieval, como sabes. O quadro do Almada Negreiros distribuía-se pelas mesas do Café "A Brasileira", na Rua de Sá da Bandeira, a qualquer hora do dia e da noite. Impressionante ver como um quadro podia tomar a vida da pessoa retratada e fazer parte deste nosso mundo com a maior naturalidade. Durante um ano e meio frequentei o Café "A Brasileira" todas as noites só para ver a tua pessoa reproduzida em várias cópias. Mais impressionante ainda era que tua pessoa sentada em todas as mesas reproduzia os mesmos gestos: uma mão sobre um chapéu (preto, como convinha), e a outra a mexer e remexer numa colherzinha do açucareiro, ao lado de uma xícara já bebida há horas. O grande enigma do quadro, porém, era o "olhar esfíngico", ou "sphyngico", como escreverias tu, ao teu modo lusitano: um olhar fixo contra a parede, sem piscar. Isso por horas e horas. O que aqueles olhos viam?, eu me perguntava. Pareciam querer furar a parede para entrar no túnel do tempo, puxando um cortejo do teu retrato multiplicado várias vezes e a erguer bem alto o pendão do Império, rumo ao encontro de el-rey Dom Sebastião, a ser saudado com estas tuas exatas palavras: "... num mar que não tem tempo ou espaço/ Vejo entre a cerração teu vulto baço/ Que torna." Ao que ele responderia: "Fita, com olhar esfíngico e fatal/ O Ocidente, futuro do passado./ O rosto com que fita é Portugal." Coro: "Alvíssaras, meu rei." Dom Sebastião: "Eu sei que a metade de vocês está à espera do Messias, enquanto a outra metade está à minha espera. Mas por que não nos esquecem, a ambos, e vão cuidar de suas próprias vidas? Será que ainda não perceberam que o Messias e eu já acabamos há muito tempo?" E aí o teu retrato reproduzido em milhões entoaria uma cançoneta da música ligeira portuguesa que é ou foi um grande sucesso popular: "Ó tempo, volta pra trás..."

Uma noite, vi teu retrato à beira do cais, dentro de uma nova moldura: a mão que antes detinhas sobre o chapéu ergueu uma espada, me fazendo lembrar de Montesquieu quando disse que o português era um homenzinho modesto, mas com duas grandes preocupações na vida: tocar a mais desafinada das guitarras e usar a maior espada que já se arrastou em toda a Europa. Alheia aos meus pensamentos, a tua outra mão, com a qual mexias e remexias a colherzinha do açucareiro, como se estivesse desafinando a corda de uma guitarra, fez o sinal da cruz. E teus olhos ressalgaram o mar — de saudades! Não vou exagerar dizendo que naquela hora eu tinha decifrado o teu "olhar esfíngico". Achei apenas que o quadro que te pintaram era na verdade o autorretrato de Portugal. Mas quando voltei a mirá-lo, o que os meus olhos viram foi uma mulher com um longo xale preto à cabeça e toda vestida desse jeito, ou seja, como se estivesse de luto. Pensei que estava diante da tua mãe. Mas ela começou a cantar um fado, com aquela voz chorosa das fadistas. Foi de cortar o coração. Que coisa triste, ó pá! Insuportável. Um quadro digno de quem tem a mãe na zona. E de repente o pranto transformou-se em gritos de demência. Ela entrou em transe, rebolando, sacolejando-se: "Ziriguidum, mi-zifi, ô-ô! Saravá! Vem cá, meu caboclo tupinambá! Me segura, se não vou ter um troço, meu doce selvagem!" Tentei sossegá-la: "Salve, rainha", eu disse, àquela altura convencido de que estava era diante de Dona Maria I, a Louca, a desventurada progenitora de Dom João VI, da qual tratei de me escafeder, o mais rápido possível. No caminho de volta, e para me refazer do susto diante de tantas assombrações, comecei a assoviar uma música baiana: "O vapor de Cachoeira não navega mais no mar..." Tristes lembranças. Por favor, não chores. "A vida é luta renhida/ Viver é lutar", assim falava (*presumivelmente*) um índio brasileiro. Adeusinho, ó pá. Vou em frente, pelas ruas do Rio de Janeiro. Aqui minha alma canta.

PERÓS!

Praia do Flamengo. Senhores passageiros, sua atenção, por favor: foi aqui que o bicho pegou.

Tudo começou em 1502, quando os portugueses chegaram, capitaneados por Américo Vespúcio, o que deu o nome à América, como se sabe. Era o dia 1º de janeiro. Pensaram que estavam chegando à foz de um grande rio, daí este nome bacana de Rio de Janeiro, como também estamos carecas de saber. (*Eu, Diogo Cão, navegador, deixei/ Este padrão ao pé do areal moreno/ E para diante naveguei*). No dia 6 desse mesmo janeiro, os portugueses *acharam* Angra dos Reis, a 25 ou 30 léguas do Rio — e foi no Dia de Reis, o que explica mais um batismo de lugar. Não viram interesse algum na região que, a seus olhos, só tinha pimenta, papagaio e índio. E a esqueceram. Queriam ouro. O OURO! Só voltaram por aqui em 1515 e 1519, em expedições de João Dias Solis e Fernão de Magalhães. Este último ignora o nome de Rio de Janeiro e rebatiza-o de Baía de Santa Luzia, por ter aportado no dia dela, 13 de dezembro. Em 1531, Martim Afonso de Souza também deu uma olhada e foi em frente, para fundar o povoado de São Vicente, mais ao sul. Além de haver deixado alguns homens — que foram mortos pelos indígenas —, fez construir uma casa-forte, com uma ferraria para consertos de navios. Os índios acharam a construção muito engraçada. Debocharam dela, chamando-a de *carioca*, o que significa casa de branco. E *carioca* passou a ser o nome de um rio que desaguava aqui no Flamengo e, mais tarde, a designar os habitantes da cidade. Os portugueses só viriam a se interessar pelo Rio em 1553, quando Tomé de Souza, primeiro governador da Bahia, escreve a el-rey, aconselhando-o a mandar fazer na Guanabara um assentamento humano, "uma população honrada e boa, porque nesta costa não há rio em que entrem os franceses senão neste, e dele tiram muita pimenta". Portugal demorou a reagir. E quando o fez, já era o tempo de Mem de Sá, que se notabilizou como caçador de francês e matador de índio.

"O pau comeu, o pau comeu
Na sua história e você não percebeu..."

Foi ali em frente, nas franjas do Pão de Açúcar, ao pé do morro Cara de Cão, que Estácio de Sá fez uma cerca ou um arremedo de fortaleza, chamando a isso de cidade, que assim passou a ter data oficial de fundação: 1º de março de 1565. Em homenagem ao rei português que viria a desaparecer numa batalha na África, e que tinha o nome do santo cheio de flechas no corpo, a cidade foi definitivamente batizada de São Sebastião do Rio de Janeiro. Daqui não dá para se ver direito onde tudo começou exatamente. Foi por trás da montanha e de cara para o mar, um ponto estratégico de controle da entrada da baía da Guanabara, e hoje fazendo parte dos domínios da Fortaleza de São João, uma cidade oculta dentro daquele bairro ali em frente, chamado Urca. Lá está o marco da conquista dos portugueses, muito bem guarnecido por tropas de elite do Centro de Capacitação Física do Exército Brasileiro e da Escola Superior de Guerra. Nestes tempos de paz, essa cidade oculta é um jardim cercado de mar por quase todos os lados e sombreado por dois morros impressionantes, quando vistos de baixo para cima, principalmente o mais alto, o Pão de Açúcar. Soldados cuidam do jardim, da área urbana e das encostas, dão brilho em canhões desativados, disputam campeonatos de natação e, sempre a marchar, preservam as trilhas de Estácio de Sá. A crer na aparente qualidade de vida interna e no deslumbrante panorama a perder de vista, prestar serviço militar ali deve dar gosto. A bem dizer, seria o caso de se pagar para fazer parte desse clube fechado. A cidade oculta dos militares guarda a sete chaves janelas para a amplidão, em endereços invejáveis. Mas, ao entrar lá, esqueça o que você queria saber sobre os tupinambás, Confederação dos Tamoios, Cunhambebe, Aimberê etc. O que era mesmo? Ah, sim: onde o pau comeu? Qual o lugar exato em que aconteceu a guerra final entre os portugueses e os índios, major?

O oficial graduado, relações-públicas da Fortaleza de São João, respondeu com uma gargalhada, debochando do entrevistador:

— Ora, se eu soubesse a resposta já teria sido promovido a general.

Ali dentro, na fantástica cidade oculta, hoje, como ontem, índio não tem vez. Todos, no entanto, recontam a mesma história: em algum lugar do bairro do Flamengo, em 1567, Estácio de Sá foi flechado no rosto e morreu um mês depois.

Olha ali o monumento que ergueram em sua homenagem, estamos passando por ele, na curva da história, nas dobras do tempo. Senhoras e senhores, estamos adentrando o antigo território de Aimberê. Era aqui, imaginemos que onde estão as avenidas e ruas do Flamengo, e estendendo-se até o outeiro da Glória, a grande praça das guerras confederadas. Estamos deslizando sobre as águas que faziam a costa da aldeia de Uruçumirim, da qual não há vestígios, tanto quanto de Aimberê e de sua bela Iguassu, do papagaio francês Ernesto, que aqui viveu a sua história de amor e morte nos braços da índia Potira. (Aylton Quintiliano, em *A Guerra dos Tamoios:* "Naquele 20 de janeiro, a intolerância religiosa e a ambição colonizadora e escravista de Portugal promoveram um dos mais sinistros e vergonhosos massacres de toda a história brasileira. Centenas e centenas de irmãos tamoios tingiram de sangue as águas do Rio Carioca, na taba de Uruçumirim. Depois, novo massacre seria feito na Ilha de Paranapuã.") E tantos eram os mortos sem sepultura, que o corpo de Aimberê não chegou a ser reconhecido, e pra quê? Sim, foi o que aconteceu por aqui, mas não sabemos bem onde, e que importância tem isso, a esta altura da história, aterrada junto com as águas?

"O pau comeu, está comendo,
Na sua cara e você não está vendo."

"Ah, se eu tivesse asas", pensa o passageiro, já se aproximando do centro da cidade, e avistando o oval da Esso, que em tempos relativamente recentes era visto como a marca das novas conquistas. "A lua oval da Esso", na canção de Caetano Veloso. Um símbolo tão poderoso quanto a cruz-de-malta no passado e, no presente, a bandeira que tremula apoteoticamente logo em frente, no luzidio edifício do consulado norte-americano. Hoje, o oval da Esso, "a lua oval da Esso", não é lá essas coca-colas. É apenas mais um logotipo na paisagem. Não chama mais a atenção. Tornou-se banal quanto tudo por aqui, no cotidiano de quem está com a cabeça em outros assuntos. Ao pensar nisto, lembrou-se de um cronista carioca que recentemente fez esta observação: "O brasileiro ou está no passado, ou em trânsito." Era, rigorosamente, o seu caso: tinha a cabeça no passado e os olhos no engarrafamento.

Se tivesse asas, as daria à imaginação. E levantaria voo com destino a um heliporto no cocuruto do mais megalômano dos arranha-céus, que fica na Rua da Assembleia, 10. Lá de cima daquele espigão monstruoso, entre o pânico e o êxtase, esforçando-se para segurar a tremedeira nas pernas, e com a respiração em suspenso, contemplaria, sobre os telhados de amianto e antenas parabólicas, a estonteante paisagem de uma cidade tentacular, circundada de águas, ilhas e montanhas que um dia fizeram a glória e o deleite dos portugueses. Refletiria sobre os embates seculares entre a construção civil e a natureza, domada pelo homem, barbudo, bigodudo, pançudo e de botas, com certeza, que se impôs a ela, subjugando-a, numa batalha hercúlea, convenhamos.

O primeiro a abrir a picada foi o intrépido Mem de Sá, em 1567, logo após o massacre dos índios. Temeroso de que eles ressuscitassem e granjeassem novos reforços franceses, tratou de mudar a cidade das franjas do Pão de Açúcar para o morro de São Januário, depois chamado de morro do Descanso e, finalmente, do Castelo, onde fez um ajuntamento de 200 habitantes urbanos, aglomerados dentro de uma fortaleza, na qual foram instaladas várias repartições, como a câmara, a cadeia, a igreja de São Sebastião e um imenso convento dos jesuítas.

De cima do morro, defendido por canhões, ficava mais fácil controlar a entrada da baía e os avanços em terra. Por terra, entenda-se uma várzea cheia de lagoas, charcos, pântanos e mangais, dentro de um quadrilátero formado por quatro morros, onde viria a se assentar isto que hoje é o Centro do Rio, a partir do fim do século XVI, quando a cidade se cansou de descer e subir as encostas do Castelo e passou a ocupar a planície. Começava uma nova batalha de aterramentos que invadiriam o mar. Tinhosos, os primeiros portugueses — que já formavam uma população de 3.850 habitantes — tiveram também que construir o espaço que iriam ocupar nas partes planas e alagadiças. Admitamos: foi uma empreitada ciclópica. Coisa para gigantes.

Senhores passageiros, estamos atravessando o centro da história do Brasil, desde que, em 1763, a capital do país foi transferida da Bahia para o Rio de Janeiro. Centro do Brasil Colônia no tempo dos vice-reis. Centro da Coroa com a chegada de Dom João VI, em 1808, revertendo o mando e passando a ser o centro da metrópole. Centro do Reino Unido de Portugal e Algarves. Centro do Brasil Império no tempo de Dom Pedro I e Dom Pedro II. Centro do Brasil República até a transferência da capital para Brasília, em 1960. Um centro entre o esplendor e a decadência a partir de então.

Aqui o pau comeu pra valer quando os franceses voltaram para assaltar o ouro das Minas Gerais que era embarcado no porto do Rio. O primeiro foi o almirante De Gennes, em 1695, que se deu mal. Sua esquadra foi rechaçada pelas forças portuguesas. O segundo chamava-se François Du Clerc, nascido em Guadalupe e corsário do rei Luís XIV. Chegou em 1710 com mil homens, mas não conseguiu desembarcar na baía. Depois de muita insistência, desceu na praia de Guaratiba e marchou a pé com seus homens numa longa e difícil caminhada até a cidade, que atingiu através do morro de Santa Teresa. Vencido a pedradas e azeite quente na Rua São José por estudantes e donas de casa, foi preso pelas forças do governador Francisco de Castro Morais e veio a ser assassinado na casa onde estava trancafiado, na Rua da Quitanda, de forma misteriosa, por quatro encapuzados. (*Presumivelmente*, os guardas não viram nada.) Du Clerc foi enterrado na igreja da

Candelária. O crime, porém, jamais foi esclarecido. O governador Francisco de Castro Morais apressou-se em encampar a versão que mais lhe convinha: a de vingança de algum dos maridos das "mulheres honradas" que receberam cartas de Du Clerc, um capitão jovem, forte e paquerador. Mas houve suspeitas de que fora o próprio governador a mandar dar cabo do gajo, cuja presença na cidade e despesas decorrentes disso causavam-lhe constrangimentos. Ou seja, pirata vivo, mesmo preso, era um estorvo.

A prisão e morte de Du Clerc marcavam o segundo fracasso das invasões realizadas por corsários franceses ao Rio de Janeiro. A notícia não bateu bem aos ouvidos de Luís XIV, que, toda vez que a França estava a perigo, dava o seu grito de guerra: "Chamem aqueles senhores de Saint-Malo!" Saint-Malo? A cidadela dos grandes armadores e corsários franceses, situada na entrada do estuário de Rance, a cerca de 400 quilômetros de Paris. Ainda hoje, Saint-Malo guarda muito bem guardada a história desse tempo, fazendo de suas muralhas um monumento à memória da pirataria, oficialmente encaixotada com o nome de corsa. Corsário era, na verdade, um pirata a serviço do rei e patrocinado por altíssimos investidores da iniciativa privada.

No balaústre que circunda a fortaleza que guardava a antiga Saint-Malo, mirante circular para séculos de batalhas marítimas (da Idade Média a 1815, data oficial da abolição da corsa), vamos cruzando, passo a passo, com os seus célebres senhores, aos quais os reis de França sempre recorriam. Todos eternizados em bronze, em posição de bravura, erguendo suas armas ou a exercer o seu comando com apenas um gesto de mão. As estátuas dos heróis de Saint-Malo (Jacques Cartier, o descobridor do Canadá; Robert Surcouf, Jean Bart e René Duguay-Trouin) só faltam gritar: "Fogo!"

Não, não fale assim sem mais nem menos, *en passant*, de René Duguay-Trouin, "Lugar-tenente — general das Forças Armadas

Navais", conforme a inscrição no marco que sustenta a sua estátua, com mais as datas de seu nascimento e morte: 1673-1736. Paremos um pouco por aqui, porque este personagem tem muito a ver com esta história. E como! Com o ano em que nasceu na ponta do lápis, podemos fazer a conta e concluir que ele tinha 38 anos quando fez o primeiro sequestro do Rio de Janeiro — o da própria cidade.

Atendendo ao chamado de Luís XIV, Duguay-Trouin atracou-se aos fundos dos armadores de Saint-Malo e, durante um ano, montou uma empresa com um capital inicial de um milhão de libras. "As informações recebidas da derrota de M. Du Clerc diziam que os portugueses, vencedores insolentes, exerciam contra os prisioneiros crueldades de toda a espécie" — escreveu ele em suas memórias. Ao sentimento de vingança, acrescentava a esperança "de uma presa imensa e principalmente da glória que se poderia conseguir em um empreendimento tão difícil". Tais motivações fizeram nascer em seu coração o desejo "de levar à fama as armas do Rei de França até essas regiões longínquas e castigar a desumanidade dos portugueses com a destruição de sua florescente colônia".

Duguay-Trouin penetrou a baía da Guanabara no dia 12 de setembro de 1711, com 17 navios, 750 canhões e cerca de 5 mil homens, o que correspondia, praticamente, à metade da população da cidade. Só que essa população incluía mulheres e crianças, naturalmente tão numerosas quanto a soldadesca comandada pelo general de Luís XIV. Foi um deus nos acuda. Logo ao desembarcar, o seu bando tratou de saquear a cidade, expropriando tudo o que havia de valioso — a começar por todo o ouro armazenado na Casa dos Contos — e transportando para bordo. Foi um arrastão espantoso. Os franceses assaltaram trapiches, igrejas e casas particulares. Mesmo tendo sido contrário aos saques, René

Duguay-Trouin não conseguiu impedi-los. Enquanto seus navios eram carregados, ele negociava com o governador Francisco de Castro Morais, através de cartas, o resgate para deixar a cidade.

Abstraindo-se o espírito vingativo que o movia, em relação à prisão e morte de Du Clerc, o teor das cartas não difere muito das exigências dos sequestradores de hoje.

Como o resgate exigido era alto e penoso demais para a cidade dilapidada, as negociações se arrastaram por 40 dias, durante os quais o corsário do rei de França tornou-se o seu único dono. E assim, pela primeira vez, um francês dominava o Rio. Deitou e rolou até receber o resgate de 700 mil cruzados, 100 caixas de açúcar e 200 bois. Carregou os navios, já forrados de ouro e prata, libertou 500 soldados franceses presos um ano antes na invasão de Du Clerc e pegou o caminho de volta no dia 13 de novembro.

Recebido com tiros da fortaleza de Santa Cruz, em Niterói, Duguay-Trouin prevaleceu-se de uma bruma para adentrar a baía da Guanabara e aportar na Ilha das Cobras, na boca da cidade, sem maiores danos. Instalou-se aí e mandou fogo, incendiando quatro navios portugueses, o mosteiro de São Bento e a fortaleza de Villegagnon, destruindo assim até o primeiro marco francês da história da colonização do Rio de Janeiro, mandando o fantasma do Cavaleiro de Malta para o espaço. Em sua fúria, delírio e loucura, parecia dizer para o seu finado compatriota, que aqui havia aportado há 152 anos: "Olha aí, *monsieur*, como é que se faz para conquistar um território. Não é com querelas teológicas, não. É com fogo, comandante."

A cidade, que vivia sob tensão e medo dos piratas, apavorou-se com o bombardeio de René Duguay-Trouin, o vingador de todos os fracassos franceses no Rio de Janeiro, de Villegagnon a Du Clerc. Para piorar as coisas, o fogo se alastrava numa noite de relâmpagos, raios e trovões. E aí, numa cena tal qual um dantesco inferno, todo mundo bateu em retirada, à procura de refúgio longe dos alvos dos canhões franceses. O governador Francisco de Castro Morais seguiu a turba, assim como boa parte do esquadrão de defesa da cidade, pouco mais de 2 mil homens. A maioria se encagaçou diante do poderio militar de Duguay-Trouin. E ganhou o mato. Os portugueses não iriam morrer de pé, como os confederados tamoios, em 1567, quando Mem de Sá chegara com menos homens e menos canhões mas com um poder de fogo igualmente arrasador. Ou seja, as invasões continuavam, mas a história era outra. Francisco de Castro Morais, o governador que um ano antes usara o fracasso de Du Clerc para passar-se por herói, iria entrar para a história como incompetente e covarde. O episódio Duguay-Trouin valeu-lhe o apelido de Vaca e a condenação ao degredo, na Índia, onde morreu.

Outra também é a história agora, pensa o passageiro, aprisionado no banco de um táxi, atravessando o centro do Rio de Janeiro, agora o campo de uma nova batalha para se chegar a algum lugar, como, por exemplo, a rodoviária. É a batalha do trânsito. Salve-se quem puder.

— Tente ver esta cidade com os olhos de um pirata — dissera-lhe um dia um amigo carioca que se impressionara com a sua obsessão pela história do Rio. Estavam almoçando num restaurante aqui no Centro, com vista panorâmica para o mar, bem de cara para a porta de entrada de todos os piratas, de todos os tráficos de ontem e hoje. Nascido num bairro da periferia, o que o associava à pobreza, o seu amigo era agora um elegantíssimo cavalheiro que se vestia como um embaixador francês e, como bom carioca, achava de seu dever dar lições de malandragem. — Esta é uma cidade bandida — ele disse mais, acrescentando: — Você só poderá entendê-la se for capaz de olhá-la com os olhos de um pirata.

Naquele momento, sentindo-se incapaz de piratear a cidade, teve vontade de assaltar o belíssimo paletó *pied-de-poule* em preto e branco do seu escolado e elegantíssimo amigo, para fazer o seu rito de iniciação. Porra, como aquele cara estava bem-vestido. No melhor estilo de Paris. Onde o carioca vindo da periferia, e a lhe dar ensinamentos de malandragem, havia pirateado a grana para tamanha elegância? De que rei ele havia se tornado corsário? E no entanto sabia: o seu amigo estava sendo metafórico, digamos assim. A cidade, porém, nem tanto. Já a conhecia razoavelmente de ruas, esquinas, becos e assaltos. O legado das invasões e piratarias pautava o seu cotidiano. Seu amigo não deixava de ter razão. Aqui os piratas fizeram escola.

Os canibais tupinambás também?

Bem, pelo visto, ou melhor, pelo que não se vê, "os filhos do Pai Supremo", o "povo de Deus" expulso do Gênesis, habitou as páginas de um Velho Testamento que não foi escrito. Aqui no Centro também não há vestígios da sua existência nessa terra. Nenhum nome nas ruas. A lagoa em que costumavam banhar-se, atribuindo às suas águas efeitos tonificantes, como o de dar à voz humana trinados tão límpidos e encantadores quanto os dos pássaros mais canoros, ganhou um nome cristão para purificar-se das conspurcações de seu passado pagão. Era a Lagoa de Santo Antônio, que ia de onde hoje é a Cinelândia até onde se assentou o Largo da Carioca. Aqui também os mais velhos do lugar tiveram a sua história empurrada para debaixo de um tapete asfáltico.

No princípio, a cidade foi uma obra de portugueses, uma gente sempre modesta e simples. "Até na capital da metrópole, o palácio onde reside o monarca é coisa singela, sem grandes brilhos", informa Luiz Edmundo em *O Rio de Janeiro no tempo dos vice-reis*, transcrevendo um depoimento do duque de Chatelet, que esteve em Portugal no fim do século XVIII: "A Corte de Lisboa é sem a maior magnificência. O palácio real é um edifício mesquinho e de um só andar." Ao que Luiz Edmundo acrescentou: "Por cá as coisas são, por certo, um poucochinho mais mesquinhas." Eram. Foram.

Hoje, o português que desembarcar no Rio de Janeiro poderá se perguntar por que a ex-metrópole não foi capaz de construir uma cidade como esta, tão tentatular. Com fachadas coloniais, imperiais, republicanas, modernistas e pós-modernas. E uma certa ordem no caos: todas as temporalidades num só lugar. Mas sem a menor nostalgia do seu tempo lusitano.

Não é para menos. Relatos dos vice-reis não deixam dúvidas sobre a escória que Portugal mandou para cá. Ninguém estava preocupado em construir um país, mas em enriquecer rapidamente, a qualquer preço. São os próprios vice-reis que escrevem a Lisboa, horrorizados com seus compatriotas nestas plagas. Queixavam-se de que todos pareciam ter vindo para arrasar a terra. E assim se fez a cidade: ao sabor da aventura. E por aqui só baixou aventureiro mesmo. Da administração pública aos comerciantes, dos juízes aos padres, estes em geral corruptos, bêbados, ou ladrões a dar com seus costados nos bordéis, quando fugiam da polícia, indo buscar proteção junto às prostitutas. Está nos registros da época: havia padres sustentados pelas meretrizes. O melhor exemplo do que era a Igreja de então pode ser dado com o sermão de um vigário, numa missa de um domingo, no qual pedia aos fiéis: "Agora vamos rezar pela esposa do senhor bispo, que está em trabalho de parto."

O Rio do tempo dos portugueses era uma sujeira. Fedia como

um chiqueiro. Vivendo na podridão, a cidade era tomada pelas epidemias de tifo, varíola, cólera e de outras doenças malignas. Para combatê-las, a população, extremamente ignorante, usava um recurso estapafúrdio: jogar às águas rebanhos de bois, porcos e carneiros, na esperança de que Deus os fulminasse, transferindo para eles as pestes que aos homens tanto afligiam. Enquanto os animais, que acabavam morrendo afogados, entulhavam as valas e lagoas, e cada rua se tornava uma artéria úmida e podre, secando ao sol, os moradores da cidade lotavam as igrejas para rezar e fazer promessas à Divindade — de custódias de ouro, somas em dinheiro, toneladas de cera, novenas e te-déuns. Quer dizer, ninguém pensava no mais simples e essencial: varrer as ruas, tratar e distribuir melhor a água, ter mais asseio pessoal (tomar banho todo dia, por exemplo).

As epidemias também levavam as autoridades a se perderem em torneios bizantinos, para não dizer ridículos. Vejamos a edificante teoria de um certo Morgado de Matheus de S. Paulo, ao explicar uma peste: "Eu atribuo esta intemperança aos relâmpagos que continuamente vêm cintilar por todos os meses em que cá costuma ser o inverno, durante estes meteoros até chegarem a formar sobre o hemisfério deste lugar uma terrível trovoada." Tão esdrúxulo quanto isso foi o Senado da Câmara, em 1798, ter querido saber se as imundícies que se conservavam dentro da cidade eram ou não causas de doenças, a ponto de enviar um questionário a respeito para alguns médicos, que responderam com listas enormes do que causava as pestilências.

Pelo visto, o Rio de hoje não pode ter saudades do de ontem.

Aqui, o mesmo pau que comeu entre portugueses e índios, franceses e portugueses iria sobrar para o lombo dos negros, arrancados da África para substituir os silvícolas brasileiros no trabalho escravo. Eles foram os protagonistas dos espetáculos mais degradantes de toda a História do Brasil.

Caçado na floresta africana a laço, como um bicho, o negro era amarrado e deixado sem comida durante dias, para quebrar sua capacidade física de rebelar-se. Depois, era embarcado num exíguo porão, sem ar e sem luz. Antes da partida do navio, porém, um padre espargia água benta sobre a carga humana, para que ela chegasse ao seu destino na graça de Deus — sã e salva.

Imagine a crueldade: num vão onde cabiam cem homens, empurravam-se trezentos. Nos porões entulhados, o negro sofria, chorava, gritava, desesperava-se e enlouquecia, para logo silenciar sob os mosquetões dos tripulantes, que jogavam os corpos dos mais exaltados para os tubarões. Dos setecentos embarcados, só uns trezentos iriam desembarcar. Mais da metade morria no caminho, desafogando a mercadoria viva de bordo. Os porões infectos também matavam de escorbuto, disenteria e outros males da desnutrição, deficiência de ar puro e escassez de água para beber.

Os que se salvavam desembarcavam em estado lastimável: esqueletos que mal podiam se pôr em pé. Chegavam nus e cobertos de chagas, arrastando-se como sonâmbulos, cheirando mal a distância, empesteando o ar. E pior: tratavam logo de dar expansão às suas necessidades fisiológicas pelas ruas centrais do Rio. As famílias reclamavam. E não só do mau cheiro. Ninguém podia abrir uma porta ou janela, nem pôr o olho numa frincha, sem ver um negro de cócoras. O infame comércio escravista oferecia à cidade um espetáculo escatológico. Era um escândalo.

Foi aí que o marquês do Lavradio, terceiro vice-rei do Brasil, encontrou a solução tamanho família: confiná-los em depósitos especiais, longe dos olhos e narizes mais sensíveis. E assim surgia o mercado com o feirão de escravos, no Valongo (abreviação de Vale longo), uma enseada entre o outeiro da Saúde e o morro do Livramento. Ali eles passavam por um período de engorda, para melhorar de peso e preço. Do lado de fora dos armazéns, eram anunciados em cartazes como este:

*Negros bons, moços e fortes;
os chegados pela última nau, com abatimento.*

O comprador escolhia um negro pelo mesmo método que comprava um cavalo: arregaçando os beiços para ver a dentuça forte. O preço variava ao longo do tempo, de acordo com a estampa e robustez. Mas enquanto durou a escravatura o negro foi sempre "o mais caro de todos os animais". Em compensação, os animais nunca tiveram que passar pelo pelourinho, instrumento colonial de suplício, onde os escravos eram levados para o açoite. Ao morrer, porém, os negros tinham um funeral igual ao dos animais. Eram largados nas estradas, para servir de pasto aos urubus.

Foi uma longa e hedionda história, que (*presumivelmente*) terminou no dia 13 de maio de 1888, quando a princesa-regente Isabel assinou a Lei Áurea. Vangloriou-se: "Ganhei a batalha." Ao que um antiabolicionista de plantão, com certeiro pragmatismo, respondeu-lhe: "Ganhou a batalha da abolição, mas perdeu a coroa."

E não deu outra.

Mas depois daquele 13 de maio, um personagem histórico — dizem que foi o Rui Barbosa — mandou queimar pilhas de documentos do tráfico de escravos, talvez achasse que assim estava inaugurando uma nova História do Brasil. Para tanto, era preciso cremar o passado. E empurrar as cinzas para debaixo do tapete.

Meu querido Canibal: no grande livro do tempo dos vice-reis, o índio pouco aparece. Nem chega a ser incluído entre *os infames da raça* — "o judeu, o mouro, o cristão-novo, o cigano, o mariola (homem dos fretes, de recados), a rameira, o mendigo, o degredado..." Nos 700, o Rio de Janeiro já apresentava "uma mescla de gente mais ou menos escura, uma vez que, sob a ação violenta e causticante do sol, o branco vira mulato, o mulato, preto, sendo que o preto retinta". E a cidade passava a ser vista como um verdadeiro povoado africano. Compararam-na com Sofala, Benguela, Moçambique. As estatísticas daquele tempo: "Para cada branco, dez pretos, três mulatos e três caboclos." Caboclos? A referência tanto pode ser a "indígenas brasileiros" quanto a mamelucos, os mestiços de índio com branco, que ao longo do tempo acobrearam a pele de uma parte considerável do país, o que deu nos morenos como você, grande chefe. O livro do tempo faz outro registro interessante: "No Rio, pelo ano de 1799, para uma população de 43.377 homens, há, apenas, 19.578 brancos. Triste minoria! E pelo país inteiro a proporção é, pouco mais ou menos, a mesma." Segue-se um comentário que aos olhos de hoje pode causar estranheza, desconforto, constrangimento até: "Não fosse o índio em quantidade notável, esmagadora, e seríamos..." Com todas as letras: seríamos uma população "de negros e mulatos".

Como dois zumbis martirizados do tempo, sigamos as trilhas perdidas até à Rua da Quitanda. O nome da rua teve origem numa quitanda dos escravos, que à noite se dedicavam aos sons da África, tocavam e cantavam, tomavam umas e outras e faziam muito barulho, o que levou Dom João VI a deixar o seu palácio, ali na Primeiro de Março, que à época se chamava Rua Direita, com o

Largo do Paço, para ficar bem longe deles, na Quinta da Boa Vista. (Na verdade, não eram só os sons da quitanda que o incomodavam, mas também o ruído ambiente de patas de cavalos e do florescente comércio à sua volta.) Essa memória dos negros por aqui também é um papel queimado. O nome da rua está incompleto. O Rio de Janeiro parece que ficou com vergonha de assiná-lo por extenso: Rua da Quitanda dos Escravos. A Bahia não teve o mesmo pejo. Confirma isso a Rua do Morro do Escravo Miguel, onde fica um edifício chamado Mansão Verlaine, no elegante bairro de Ondina, embora não se saiba exatamente qual a relação entre o poeta francês e o escravo baiano.

Melhor sorte do que os negros teve a Rainha Louca. Numa parede da Sete de Setembro, fazendo esquina com a Primeiro de Março, onde já foi o Convento do Carmo, há uma placa a lembrar a sua passagem pela cidade em que morreria: "Destas janelas ouviam-se os gritos de demência de Dona Maria I..." Para quem não está ligando o nome à pessoa, não custa acrescentar que se trata da mãe de Dom João VI, um raro português que amou verdadeiramente o Brasil. Ele foi uma alma generosa — povoou o nosso mar de sardinha, para os pobres comerem com pão —, mas teve a sua memória amesquinhada nos dois lados do Atlântico. Em Portugal: grotesco, feio, estúpido, fujão, covarde. Aqui: homem ridículo a andar com pedaços de frango nos bolsos, que devorava em público. E corno, ainda por cima. Só que essa figura de anedota, ainda hoje motivo de chacota, foi o grande nome da História do Brasil Colônia.

Ao transferir a sede do Reino de Lisboa para o Rio de Janeiro, em 1808, Dom João VI provocou a maior revolução administrativa da era colonial, fazendo uma surpreendente reversão de mando: o que era antes a periferia tornava-se o centro. Portugal deixava de ser a metrópole, e o comando do seu império passava para o Rio de Janeiro. Até à chegada de Dom João VI com sua enorme corte de 15 mil pessoas (quando a população da cidade estava em torno de 50 mil habitantes), o Brasil não podia produzir sequer um alfinete. No dia 1º de abril de 1808, ele revogou o alvará de 5 de janeiro de 1785 que proibia a instalação de indústrias e manufaturas nas colônias. Daí por diante, o país passava a prosperar, enquanto Portugal empobrecia.

Claro que os portugueses não iriam ficar contentes com a sua nova situação. Já no porto de Lisboa, saudaram a corte em fuga das tropas de Andoche Junot, o general de Napoleão, com pau, pedra, tomate e ovo podre. Dom João VI, porém, não viria a se lamentar de sua decisão. Primeiro: enfrentar o exército de Napoleão teria sido uma bravata, um suicídio. Ele deu provas de bom-senso ao aceitar a "solução inglesa" de transferência da corte para o Brasil, com o que a Inglaterra garantiria a sobrevivência do Reino lusitano. E por quê?

Tudo começou com a disputa entre ingleses e franceses para uma divisão do mundo entre eles, e cada um querendo a maior fatia do bolo. Quando George Canning, secretário de Estado dos Negócios Estrangeiros do gabinete Portland, decretou o Bloqueio Marítimo Inglês, Napoleão respondeu com o Bloqueio Continental, isolando a Inglaterra e deixando-a impossibilitada de comerciar com a Europa. Para o Império Britânico, só restava uma saída: Portugal, com sua principal colônia na América, podia ceder-lhe mercado e matérias-primas. Unida à Espanha, a França queria a mesma coisa e decidiu invadir Portugal, o que aconteceu no final de 1807. Os ingleses agiram com mais rapidez, bloqueando o Tejo. Eles entraram por um lado, enquanto os franceses chegavam por outro. Dom João VI não tinha outra alternativa: ou fugia para o Brasil, protegido pela esquadra inglesa, ou ficava e enfrentava os franceses. A cidade entrou em pânico. E o país começou a ser saqueado. A corte bateu em retirada com mais de 80 milhões de cruzados em ouro e diamantes e com a metade do dinheiro em circulação no Reino. Foi um pandemônio: sem entender nada que estava se passando, Dona Maria I, a Louca, que via as ruas depois de 16 anos de reclusão, gritava do seu coche: "Não corram tanto. Vão pensar que estamos fugindo!" Alguns regimentos recusaram-se a embarcar, e outros se dissolveram. Em contrapartida, havia gente querendo entrar nas embarcações de qualquer jeito. Senhoras fidalgas caíam nas águas do Tejo e afogavam-se. Enquanto isso, o povo vaiava os que estavam fugindo.

Segundo: no Brasil, longe do campo de batalha em que a Europa, mais uma vez, tinha se transformado, Dom João VI enriquecia e sentia-se feliz, ao contrário de sua mulher, Dona Carlota Joaquina, que odiava o país e, cada vez mais, cobria o marido de chifres. E aqui ele foi aclamado rei, em 1818, dois anos depois da morte de sua mãe.

Rezemos pela alma de Napoleão Bonaparte. Ao pôr Dom João VI e sua corte para correr, o rei de França fez com que o Brasil ganhasse a sua primeira instituição de ensino superior, a Escola Naval, criada por Dona Maria I, à semelhança da Escola Naval britânica e trazida pelo príncipe regente dentro de um navio, junto com os professores e os alunos. Ele trouxe também os livros e documentos da Real Biblioteca, que foram salvos do terremoto de Lisboa, em 1755, e que aqui deram origem à Biblioteca Nacional, hoje uma das maiores do mundo, com mais de 10 milhões de volumes. Criou o Jardim Botânico, a Escola de Astronomia, a Praça do Comércio, que se transformaria na Associação Comercial do Rio de Janeiro. Em 1815, elevou o Brasil a Reino Unido de Portugal e Algarves, um passo irreversível para a sua independência: a partir daí, não dava para ter mais volta à condição anterior de colônia. Em 1816, já em paz com a França, ele promoveu a vinda da Missão Artística Francesa, que tanta influência iria ter na arquitetura da cidade. Mas, quanto mais enriquecia e fazia o Brasil progredir, mais Portugal entrava em crise e exigia a sua volta, sob pena de perder o trono. Teve que regressar, em 1821, deixando seu filho Pedro como príncipe regente, e que faria a independência do Brasil, um ano depois. Dom João VI morreu "sem um bocadinho de ternura" em 1826. Envenenado. Morreram junto o médico, o cirurgião e o enfermeiro. Para não haver testemunha. Uma simples questão de queima de arquivo.

Assim como os índios e os negros, Dom João VI também não é nome de rua aqui no Centro, de onde comandou um império durante 13 anos. Esqueceram-no. E do tanto que ele fez pela cidade, pelo país. De sua "existência aos baldões", de sua vida trágica que atingiu a uma teatralidade shakespeariana, ficou só uma lembrança, como referência de antiguidade: "No tempo de Dom João Corno..."

Resta saber se quem faz uso desse dito popular, hoje, está ligando o corno ao marido de Dona Carlota Joaquina.

Ora, e a propósito dos negros, cuja história emenda com a dos índios: para que lamentar a memória perdida, o passado rasgado, se as ruas estão pintadas de preto? O negro não é uma presença viva, um traço forte, não dá o tom da aquarela do Brasil? O resto é cheiro de papel queimado. Debaixo de açoite ou não, sobreviveu. Mas cuidado, crioulo. Olhe onde pisa.

Se um escurinho passar correndo por uma destas ruas, todo mundo vai correr atrás dele, gritando: "Pega, pega! Ladrão!"

Corre, campeão.

Para o açoite — ou para o abraço.

Na rodoviária do Rio, alguém corre para o guichê de uma empresa de ônibus chamada Costa Verde. Vai comprar passagem para um programa de índio.

2

O programa de índio

Avenida Brasil

Atenção, devagar:
assalto à mão armada
a 100m.

Atenção, não olhe:
espancamento e estupro
a 200m.

Atenção, não se abale:
assassinato e roubo
há 500 anos.

Adriano Espínola
("O lote clandestino")

No princípio era o caos, e do caos fez-se a rodoviária. E construiu-se um monumento ao tempo em que governar era construir estradas. Era: a utopia de que o Brasil iria conhecer a si mesmo. A construção civil aproveitou a oportunidade para projetar o protótipo mais indecoroso de toda a sua história, num contraste chocante com o esplendor das imperiais estações de trens. Exagerou. Na feiura, no desconforto e na falta de higiene. (Se precisar ir ao banheiro, convém levar um lenço perfumado.) Enfim, é por uma horrenda obra de branco que se embarca para um programa de índio. Ao sentar-se em sua poltrona, abra bem a janela. Os ônibus para Angra não têm ar-refrigerado. E hoje faz um calor para Satã nenhum botar defeito. Prepare-se para duas horas e meia de suor, castigo e arrependimento. Qual era mesmo o motivo da sua viagem?

Recapitulemos. No princípio, você queria refazer as trilhas de seu querido canibal ou ver se ao menos existem vestígios do tempo em que ele viveu nessas terras, selvas e águas. O chefe supremo da Confederação dos Tamoios fez de Angra dos Reis o quartel-general das batalhas confederadas, sem um único cessar-flecha. Mas o guerreiro mais temido do país perdeu a guerra para uma estranha e suspeita epidemia, como já se sabe. Enquanto viveu, venceu todos os combates. Agora, quem, entre os seus, escapou da peste não teve a mesma sorte diante do poder de fogo do invasor. Se você conseguisse entrar no túnel do tempo e chegasse à aldeia do seu herói tupinambá, para perguntar, usando o recurso do verso lusitano, o indefectível *valeu a pena?*, qual seria a resposta? Dá para imaginar? Dá:

— PERÓS!

O que você esperava? A tal pergunta não seria o mesmo que falar de corda em casa de enforcado? Conhecendo-se a resposta lusitana ("Tudo vale a pena se a alma não é pequena"), conclui-se que ela só diz respeito aos portugueses, já que para eles os índios não tinham alma. E não foi o branco quem veio para lhes roubar a alma, o que eles tentavam retomar, quando o devoravam?

Você anotará as placas da estrada que indicam os lugares por onde vai passando, perguntando-se em torno delas vagueiam as almas penadas dos tupinambás, refratárias à luz do dia, mas volatizadas em fogos-fátuos — que chamavam de boitatá — na escuridão da noite. As trilhas deles tinham nomes: Itaguaí (o rio das barreiras), Ibicuí (a areia fina), Mangaratiba (o sítio dos mangarás), Jacareí (o rio dos jacarés), Caputera (o interior da mata), Sapinhatuba (o sítio dos mariscos) e por aí vai. Você passará por um lugar de bacanas chamado Portobello, que no popular se chama Caratucaia, o cercado dos acarás. E imaginará um festim macabro dos donos da terra de muito antigamente, de tempos imemoriais, para assustar seus novos invasores, ricaços que não estão nem aí para o que aconteceu ou deixou de acontecer. Muito menos para os fantasmas dos nativos do tempo das onças. Afinal, por aqui a história que se conta começa assim:

"Angra dos Reis fica na baía de Ilha Grande, no litoral sul do Estado do Rio de Janeiro, com mais de duas mil praias, centenas de ilhas, rios, cachoeiras e o verde do mar. Foi descoberta pelo navegante português André Gonçalves em 1502. Angra quer dizer 'pequena baía'. Reis, porque foi descoberta no dia dos Santos Reis Magos." Seguem-se referências aos seus monumentos históricos, igrejas e conventos, o cruzeiro de mármore, doado pelo rei de Portugal Dom José I, em 1653, a antiga casa da câmara e cadeia, o mercado do peixe, o chafariz da saudade, construído em 1871, como lembrança da visita do imperador Dom Pedro II, o edifício do paço municipal. "É bom ficar sabendo: em Angra dos Reis, temos o Parque Nacional da Serra da Bocaina (Bocaina: o jorro d'água que esguicha — mais uma concessão branca a um topônimo indígena), o Parque Nacional da Ilha Grande, a Reserva Biológica da Praia do Sul, também na Ilha Grande..." Ou seja: aqui também a história só começa com a chegada dos portugueses, é o que você está pensando, com ou sem razão, enquanto passa os olhos por páginas e mais páginas xerografadas, para matar o tempo, para suportar um traslado em estado de torpor, na estrada tropical, verde que te quero verde, tudo muito bonito, sem dúvida, mas que calor, até o verde vento que entra pela janela parece vindo de uma caldeira de Satanás. Os donos das ilhas de Angra e de todos os seus recantos paradisíacos, onde antes viveram os expulsos do Gênesis, não viajam de ônibus. Vão de helicóptero, iates, jatinhos particulares. Ou deslizam no conforto de veículos sobre rodas — refrigerados. Daí o sufoco do transporte coletivo, o purgatório dos novos índios, você deduz. Esfalfando-se, recorre a outro verso do poeta do "Mar português": *A metafísica é uma questão de se estar maldisposto*. Começa a se questionar: esta viagem vai valer a pena? Delira, como se fosse a reencarnação do vate do além-mar, cheio de remorsos (o vate, bem-entendido) por não ter vivido no tempo dos descobrimentos, mas cheirando a gasolina (você). Parafraseia-o: *Janelas do meu ônibus,/ Do meu ônibus de um dos milhões do mundo que ninguém sabe quem é/ (E se soubessem quem é, o que saberiam?)*. Aqui você suspira, melancolicamente, a pensar no *Destino a conduzir a carroça de tudo pela estrada do nada*. Do nada? E todo aquele ouro levado deste chão?

Você volta ao dever de casa: "Os primeiros tempos foram marcados pela luta permanente contra os índios tupinambás, pelos sobressaltos trazidos com a ameaça constante de piratas... A área do continente oferecia estreitas planícies, formadas por rios provenientes das montanhas, onde, já no século XVII, instalaram-se as primeiras plantações de cana e os primeiros engenhos para produção de açúcar e aguardente. Foi no mar, no entanto, que se projetou a riqueza de Angra." Ou seja: no século XVIII, o seu mar era uma porta para os negócios do ouro vindo de Minas Gerais e, no século XIX, para o café, que, plantado no Vale do Paraíba, era escoado pelo seu porto. Aqui também o pau comeu. Nas aldeias dos tupinambás, no lombo dos escravos e durante a sanha dos piratas, dos quais se conta a seguinte lenda: "Certo dia, eles estavam chegando. A notícia se espalhou rápido. A população, apavorada, correu e se refugiou num convento, aglomerando-se em sua capela, rezando. Os piratas começaram o ataque ao convento, apontando-lhe um canhão. Quando atiraram, a primeira bala foi segurada por um santo. Era o São Bernardino de Sena, que saiu do altar para proteger aqueles desesperados que tanto rezavam."

Outra história angrense remonta à época dos escravos. Naquele tempo, era costume dos moradores mandar suas negras lavar roupa numa cachoeira chamada Fonte D'Almas. O serviço era feito sob a vigilância de um feitor, geralmente homem mau e impiedoso, que as surrava com uma chibata, para que trabalhassem com mais rapidez ou simplesmente pelo sádico prazer de espancá-las. Sem poder reagir nem se defender, as lavadeiras limitavam-se a chorar. Daí a cachoeira ter passado a ser conhecida, através dos tempos, como o Rio do Choro.

A julgar pelas páginas que você tem em mãos, dos senhores destas florestas e águas outrora de sonho e fúria nem lendas há mais. Ficaram apenas os topônimos deles. O tempo apagou-lhes os rastros. Ao que parece, a história deles pode ser resumida numa linha, já mencionada, aliás: "Os primeiros tempos foram marcados pela luta permanente contra os índios tupinambás." E ponto.

O ônibus avança por uma serra que se descortina para um mundo de águas, ilhas e luz. Eis aí "a obra-prima do Universo", você pensa, achando perfeitamente justificável o deslumbramento dos primeiros viajantes, principalmente os franceses, que aportaram nestas paragens. Agora você gostaria de saber quais são as novas invasões, os novos piratas. Se de alguma maneira a história se repete, como as ilhas, uma atrás da outra.

Até aqui a viagem transcorreu sem o cumprimento da advertência epigrafada no início deste capítulo. Não houve nenhum assalto à mão armada, espancamento e estupro. Nem trombadas ou capotagens — o motorista não dormiu ao volante, *Deo gracias*. Será que foi a proteção do milagroso São Bernardino de Sena?

Séculos depois que esse santo (*presumivelmente*) segurou uma bala de canhão detonada por piratas, impedindo-a de atingir os fiéis refugiados em seu convento, Angra dos Reis ergueu um templo consagrado aos novos tempos da igreja universal do reino de outro Deus, o do consumo. Trata-se do Pirata's Mall, o maior *shopping center* da cidade, o *point* da moda, dos agitos, instalado bem à sua entrada. *Welcome.*

3

Nenhum índio nas ruas

Pronto, cá está o passageiro, jogado num terminal rodoviário, que lhe parece uma reprodução em miniatura do outro de onde partira, como se todos tivessem a mesma obrigação de serem horrendos. Sente-se perdido no tempo e no espaço. Por onde começar? Tem uma reserva num hotel (uma cortesia local) do qual não sabe o nome nem onde fica. Bem, havia alguém à sua espera em uma repartição pública, com quem trocara umas palavras ao telefone sobre o motivo da viagem, e que precisa localizar o mais cedo possível, antes do final do expediente. São três e meia da tarde, e o calor continua de matar.

Tudo em volta é só beleza: montanhas, florestas, mar, ilhas. A cidade, porém, é um enclave que não chega a provocar suspiros de encantamento ao primeiro olhar. Ela avança morros acima, e na planície espreme-se num traçado irregular, com seus prédios baixos, a maioria de estilo incaracterístico — assim está lhe parecendo —, ruas estreitas, atulhadas de carros e gente. "Isto aqui é uma África", você pensa, e se recrimina pelo julgamento apressado e, mais ainda, pela expressão preconceituosa em relação ao continente negro. Mas conclui, sem receio de estar sendo precipitado, que esta é uma cidade sem sombras e onde o vento se recusa a dar o ar da sua graça. Você sente o sol castigar-lhe a moleira como a chibata de um feitor. Como pode ter havido um povo de guerreiros nesta caldeira? Logo de cara, conclui que deve ficar nos arredores o lugar onde esteve o paraíso dos índios tão cobiçado pelos brancos. A intensidade da luz e os embaraços a cada passada — calçadas exíguas, ruas engarrafadas — o atordoam. Os seus pés já estão redondos, de tão inchados. Você está suando como um condenado à morte. Está morrendo de sede e fome. Acha que vai desmaiar. Então decide abrigar-se à sombra de um restaurante. Entra no primeiro que encontra, e que, pelo adiantado da hora para o almoço, parece em fim de festa. Só lhe restam as sobras de um *buffet* de saladas e acompanhamentos previsíveis. Comida a quilo. *Fast-food.* Até aqui? O que você queria? Um lombinho de português defumado? Caia na real: seu nome não é Cunhambebe. Ah, mas o ar que o ventilador de teto espalha no salão o faz sentir-se um ser humano normal. De corpo e alma.

Tudo bem. Saciadas a fome e a sede, com direito a um ventinho elétrico, seu corpo está prestes a aclimatar-se à atmosfera escaldante, e a sua alma a reconciliar-se com o passado e o presente do país. E com a humanidade — esta que foi capaz de cometer atrocidades sem remissão, como as inquisições, o extermínio dos povos indígenas, a escravidão e o holocausto, as quatro chagas do milênio. (Olha aí de novo *a consequência de se estar mal disposto.*) Mas enquanto o sol treme e você tresvaria, uma voz o recupera para o mundo dos vivos. É a sua própria. Ao pagar a conta, pergunta à moça da caixa onde fica a Casa da Cultura. — É bem perto daqui — ela responde, prestimosamente saindo do seu serviço e vindo até a calçada do restaurante, para indicar-lhe o caminho. Esta indicação já é uma coisa boa, você pensa, contente por haver falado e ouvido umas poucas palavras, depois de horas e horas sem conversar com ninguém, ainda que continue se sentindo apenas mais um rosto na multidão, entregue à incomunicabilidade das ruas, na solidão de um país grande. Gente que passa e não vê você passar. E isto aqui é café pequeno, perto — por exemplo — do que devem sentir os que desembarcam no Oiapoque, à beira de um rio largo e profundo que separa o Brasil da Guiana Francesa, lá no extremo norte do país, onde você imagina que sua alma ficaria profunda como aquele rio. Calma, isto aqui não é nenhum fim de mundo. Você está a apenas 25 ou 30 léguas da cidade do Rio de Janeiro. O que dizer dos que levaram quatro ou até seis meses para chegar aqui, nos anos 500? Pensando melhor, aventura mesmo foi a daqueles que pegaram uma canoa furada na Ásia ou na Oceania, para dar nestas costas 15 ou 20 séculos antes disto.

Nenhum índio nas ruas. Corrija-se: tem um, sim senhor. Você. A errar por ruas selvagens como um espectro tupinambá, um herdeiro de seus fracassos.

Não se sinta inteiramente perdido. Já há alguém lhe dirigindo a palavra novamente e, como da vez anterior, sem o menor preconceito. E se está sendo tratado como gente, deve ser porque você só seja índio na sua própria ficção.

A cena se passa na Casa da Cultura, um sobrado construído em 1824. É um prédio antigo, raro exemplar que escapou das demolições do centro histórico de Angra, antes que fosse tombado. Obra dos mesmos empreendedores que viriam a se especializar na construção de rodoviárias, com o beneplácito de um prefeito que pode ter levado algum por debaixo dos escombros, o que ainda hoje a cidade suspeita.

Recém-pintada de amarelo, a Casa da Cultura reverbera ao sol. Você entra nela como um passarinho encandeado em seu voo. Recepcionista:

— Boa tarde. O que o senhor deseja?
— O Délcio está?
— Não, senhor. Ele não trabalha aqui.

(Ligeiro momento de pânico. Você coça a cabeça, já imaginando que perdeu a viagem.)

— Mas você o conhece?
— Sim, senhor.
— Sabe onde posso encontrá-lo?
— Ele fica no Convento de São Bernardino de Sena.

Ah, bom. Ele havia mencionado isto, ao telefone, há alguns dias. Você esqueceu este detalhe.

Não se estresse. É só seguir em frente, dobrar à esquerda, subir uma ladeira de pedra e, lá em cima, procurar orientação para entrar no convento, depois se virar para achar o esconderijo do homem que marcou e desmarcou esta viagem várias vezes, por telefone ("o carro quebrou, vai levar uns dias para sair da oficina... esta semana também não dá, o rapaz que conhece as trilhas dos índios teve que viajar" etc.), sempre surgindo um problema para complicar o seu programa. Agora você se pergunta se será ele padre ou frade, para ficar num convento, e logo no mais famoso, onde São Bernardino de Sena fez um milagre, quando da sua imagem no altar estendeu-se a mão que segurou a bala do canhão dos piratas. Mas não. É no convento lendário que fica a sede do Patrimônio Histórico do município. Délcio Bernardo é o seu diretor. Ele tem a mesa abarrotada de cópias da estampa de Cunhambebe e de resumos da história dele, baseados nos livros do alemão

Hans Staden, do franciscano francês André Thevet e do angrense Camil Capaz, além do material de um espetáculo sobre a saga do cacique tupinambá apresentado em 17 de agosto, o dia do Patrimônio Histórico, por crianças de uma escola municipal. Desculpa-se pelas marchas e contramarchas telefônicas, deixando claro que tem todo o interesse nesta expedição. Acha que a cidade está empenhada em recuperar a memória dos que viviam aqui quando os portugueses chegaram. — Pena que só muito recentemente esteja-se pensando nisto — diz ele, conduzindo-o ao hotel. Você não demora muito a perceber que o santo dele agora não é o patrono do convento, o franciscano italiano que nasceu em Massa Marítima em 1380 e morreu em Aquila em 1444, célebre pelos seus sermões em latim, que se tornaram clássicos, e por haver ressuscitado em Angra dos Reis no século XVIII, para protegê-la dos piratas. Agora, no convento do venerado São Bernardino de Sena um novo valor se alevanta: um canibal angrense, do qual ninguém sabe a data do nascimento nem ao certo a da sua morte, pois os registros variam: 1557 para uns, 1560 para outros. Os santos de vocês iriam combinar à primeira vista.

— Délcio, o que é que Cunhambebe significa para você?

Ele responde de bate-pronto, sem titubear:

— A resistência.

Bom, nem toda a história está perdida, você pensa.

4

A menor tribo do país

Vocês descem a ladeira de pedras do convento e embocam numa rua larga (finalmente, uma rua larga!) que se escancara a todos os castigos do sol. Délcio Bernardo explica que antigamente esta rua era sombreada por palmeiras que lhe davam o nome e que um prefeito maluco mandou derrubá-las. Acabou sendo rebatizada com o nome dele. Hoje, pensa-se que a *homenagem* não deixa de ser uma vingança. Espera-se que assim ninguém esqueça a ação predatória do insano administrador público. Dessa classe de gente fina o país está cheio, você tenta consolar o seu indignado anfitrião, a esta altura já o introduzindo num hotel excessivamente sombrio, para uma cidade tão ensolarada.

Enquanto você preenche a ficha do hotel, chega um rapaz de porte avantajado chamado Glauter. Glauter Barros. Ele é funcionário da Secretaria de Planejamento da Prefeitura e, nas horas vagas, transforma-se no palhaço Picolé e em contador de histórias para crianças. Está acompanhado de sua mulher, uma jovem professora chamada Noelia. Declaram-se membros da tribo dos interessados na recuperação da memória dos tupinambás e vêm convidá-lo para jantar em sua casa. Antes, porém, esse Glauter quer levá-lo à redação de um semanário chamado *Maré*, para uma entrevista. A sua expedição às trilhas dos índios é assunto de interesse local, ele esclarece.

Você gosta de saber disso. Já não se sente um viajante solitário. Acompanha-o, despedindo-se do Délcio, que tem outras preocupações. A mulher dele está grávida, e a criança pode nascer a qualquer momento. Ainda assim, voltará a encontrá-lo, logo mais.

Quem aguarda você para a entrevista é uma garota bonita chamada Márcia Leal. Sorridente, ela começa dizendo que aqui ninguém ama o Canibal.

Invertendo os papéis, você é quem pergunta:

— Ninguém mesmo?

— Na verdade, pouco se sabe sobre Cunhambebe. Quem sabe, é muito vagamente. E não gosta dele.

— Por quê?

— Porque ele comia gente. É só isso o que se fala dele.

Com paciência de avô indígena, você tenta traçar um perfil um pouquinho melhor do seu herói das batalhas perdidas.

Finda a entrevista, você fica sabendo que o chefe da tribo, do qual Délcio Bernardo é o lugar-tenente, o espera na praça da prefeitura. De origem sírio-libanesa, Fábio Iarede é o principal incentivador da sua aventura. Como secretário de Cultura do município, ele está empenhado em retirar a história dos tupinambás do limbo. Mesmo estando de férias, providenciou pessoal e transporte para a expedição, que partirá amanhã bem cedo. Você está às vésperas de saber se as trilhas ainda existem ou não.

Vocês conversam de pé na praça até às sete da noite, quando o Délcio aparece para levá-lo ao jantar de Noelia e Glauter.

— Se você entra na história dos índios, se torna índio — diz o neto de um sírio-libanês que chegou por aqui num porão de navio, como clandestino. E aqui teve uma dura existência. Também lhe tomaram terras e tudo. Agora você começa a entender por que um branco chamado Fábio Iarede parece ter alma tupinambá. Só que aqui, nos domínios de Cunhambebe, dá para se contar nos dedos quantos se interessam pela sua história.

Na praça da prefeitura há um pé de pau-brasil, árvore rara que não está identificada com uma plaquinha, para não ser roubada. Mas esta é outra história, de outro tipo de roubo. Predadores de todo o mundo, uni-vos. Nada tendes a temer no país dos aventureiros.

Durante o jantar, Noelia e Glauter falam das ações dos predadores no mar e na terra. Dão exemplos concretos. Como você já está muito cansado, é incapaz de anotá-los ou memorizá-los. Mas pode ter sido de um deles que você ouviu: "Antes, os homens se destruíam uns aos outros. Agora estão destruindo o planeta."

No quarto do hotel, uma mosca zune, se debatendo no teto e de parede em parede. Você se enerva. Tenta abatê-la com uma toalha. Não consegue. Ela faz um voo rasante sobre a sua cabeça. Zzzzzzzzzzz. Você se assusta. E então, novamente, tresvaria. Seria algum espírito martirizado do tempo? Um mau sinal? Algo a ver com premonições? Já lhe avisaram que a serra que você vai subir amanhã é uma pirambeira apavorante. Seu instinto fala mais alto: você abre a porta do quarto. A mosca vai embora. Desaparece. "Boa noite, rainha", diz, satisfeito pelo fracasso de sua tentativa predatória. Fecha a porta do quarto, deita-se, apaga a luz e, de novo, zzzzzzzzz. Ah, é guerra, é? Mas agora, dane-se. O seu sono tem mais poder de fogo do que as superstições e a sua fúria assassina.

Você consegue dormir profundamente, mesmo com uma mosca agourenta zunindo em seus ouvidos. Acorda com os reflexos do sol invadindo o quarto. A suavidade da luz, rebatida pela cortina da janela, o remete para uma das páginas que mais o impressionaram por toda a sua vida, desde o dia em que foi capaz de ler *O som e a fúria*, de William Faulkner, que canibalizou outro William, o Shakespeare, numa fala de *Macbeth*: "O amanhã, o amanhã, o amanhã avança em pequenos passos, de um dia após o dia, e cada dia de ontem iluminou, para os tolos que somos, o caminho do pó da morte. Apaga-te, apaga-te, fugaz tocha! A vida é apenas uma sombra que passa, um pobre ator que se pavoneia e se agita uma hora em cena, e, depois, nada mais se ouve dele. É uma história contada por um idiota, cheia de som e de fúria, e que nada significa." A página de *O som e a fúria*, que, quando lida pela primeira vez, levou-o ao êxtase, produzindo-lhe um prazer estético incomparável, é também uma reflexão sobre o tempo e, principalmente isto, a inevitabilidade do fracasso. Você tenta memorizá-la, como se Faulkner, o deus das letras nos seus anos ainda vulneráveis mas já adultos, reaparecesse de novo para socorrê-lo com uma oração matinal, para que você possa enfrentar a estrada sabendo que se voltar de mãos vazias é porque assim já estava escrito:

"Quando a sombra do caixilho aparecia nas cortinas, era entre sete e oito horas da manhã. Encontrava-me então dentro do tempo e ouvia o relógio. Era do meu avô, e quando o meu pai o deu a mim, disse: — ... Dou-te o mausoléu de toda a esperança e de todo o desejo. É mais do que penosamente provável que o uses para obter o *reducto absurdum* de toda a experiência humana, e que descubras que as tuas necessidades individuais não serão mais satisfeitas do que foram as dele ou do seu pai. Te dou isto não para que te lembres do tempo, mas para que possas esquecê-lo de vez em quando por um momento, e para evitar que gastes todo o teu alento tentando conquistá-lo. Porque as batalhas nunca se ganham. Nem sequer são travadas. O campo de batalha só revela ao homem a sua própria loucura e desespero, e a vitória é uma ilusão de filósofos e loucos."

Amém.

Feita a sua *prece* aos martirizados escravos do tempo, como uma preparação espiritual para erguer-se da cama e pôr os pés no chão, você passa a cuidar do corpo, enfiando-o debaixo do chuveiro, com a esperança de ganhar alento para pegar as trilhas outrora de sonho, som e fúria.

5

A expedição

São quatro no carro. Délcio Bernardo, o diretor do Departamento de Patrimônio Histórico e Artístico de Angra; o agrônomo Rafael Ribeiro, da Secretaria de Agricultura e Pesca; Humberto Pereira da Silva, o Piauí, supervisor da Emater; e você, o escrivão da tropa, que tem como guia o homem chamado Humberto, um nome que só tem serventia em seus documentos. Aqui, o que serve é o seu apelido, sua marca de origem: nasceu no estado do Piauí, longe como o diabo. Para ele, as estradas e despenhadeiros que terá pela frente são caminhos de roça. Antes de dar com o seu corpo compacto e acaboclado nas bandas deste sul, errou um bocado pelas profundas da floresta amazônica.

Partida: sete horas da manhã, quando o sol ainda está suportável.

Primeira etapa da viagem: a aldeia dos índios guaranis, em Bracuí, na Serra da Bocaina (Bracuí: madeira de pó. Era o nome de uma árvore usada pelos indígenas para fazer fogo.)

Distância: 29km. Vinte e três pela pista asfaltada da Rio-Santos e seis de estrada de terra, aos trancos e barrancos. No final do percurso, esbarra-se numa ladeira, que a ação das chuvas transformou numa vereda esburacada, cheia de regueirões. Piauí força a marcha na subida, até não poder mais. Para diante de um obstáculo intransponível, a tempo de evitar que o carro e seus ocupantes sejam reduzidos a cacos.

— Agora só dá pra seguir a pé — diz ele. — Eu volto daqui. Tenho um assunto para resolver na Emater, coisa rápida. Venho pegar vocês às 10 horas. Me esperem lá embaixo, no começo da ladeira. (Percebe-se que está com pressa. Tem muito o que fazer, ao mesmo tempo. Mas não esquece de passar um recado, apontando para Rafael, que, você deduz, a partir daquele momento é quem vai comandar a expedição, por conhecer o caminho e já haver tido contatos com os guaranis.) — Diga ao Luís que hoje não deu pra trazer as encomendas. Trago na próxima vinda, semana que vem. (Rafael esclarece: Luís é o nome aportuguesado de Kuaray, o vice-cacique, sucessor natural do chefe Viramirim, mais conhecido como João da Silva, que já está velho.)

A subida da serra, na paleta, não iria ser um piquenique. É missão para alpinista calejado. Você se pergunta como os índios que ainda restam nestas brenhas conseguem descer por essa trilha nas temporadas das chuvas. Numa clareira à borda da estrada, uma criança cata gravetos. É uma indiazinha excessivamente vestida, considerando-se o calor que faz aqui. Seu vestidinho chega até os pés, quase tocando no chão. Mais adiante, há uma casinha de taipa, coberta de palha. Surge à porta uma mulher de olhar triste, com um bebê ao colo, e este ainda no estado natural dos silvícolas: nuzinho. Daqui de cima, a linha do horizonte toca em mais floresta. Com que sonharia aquela menininha de rosto redondo, cabelos pretos e lisos, pele rajada de terra, a brincar à beira de um despenhadeiro? Você se recorda: nasceu num mundo quase assim, nos ermos do sertão baiano, onde as crianças andavam nuas, como os índios de antigamente, até à idade de cobrir as vergonhas. E se criou catando gravetos e brincando de espetar tanajura. Mas sonhava com uma cidade. E com o mar.

Tudo em volta é só a monotonia da serra. Bem no seu topo, abre-se um platô de terra batida, sombreado por árvores imensas. É a praça principal da reserva indígena, onde há homens trabalhando, para levantar, em mutirão, uma *casa de rezas*, para a qual já fincaram os esteios. Agora, suspendem toras de madeira para a cobertura, dando muitas risadas, como se estivessem brincando. Em volta deles, crianças se divertem assistindo ao trabalho dos adultos.

Vocês param e olham. Esperam até que o chefe Kuaray decida aproximar-se. O que demora um pouco — índio não tem pressa.

Sentado num tronco enorme que serve de banco, à sombra de uma árvore, o índio responde às suas perguntas num português razoável, às vezes espanholado. Délcio grava a entrevista, fazendo também suas intervenções. Rafael anda de um lado para outro, tirando fotos. Quando fotografa os que estão trabalhando, estes conversam entre si, em guarani, e gargalham. Ele percebe o deboche. Mas não é hostilizado. Depois confessará: — Deviam estar me chamando de turista babaca.

O vice-cacique Kuaray nasceu no Paraná e se criou em Santa Catarina. Veio para a pequena aldeia de Bracuí em 1987, uma reserva com 380 índios, quase todos vindos daqueles estados mais ao sul. Ele tem 52 anos. Está descalço, como a maioria, e vestido com uma camiseta solta sobre uma bermuda. Durante a conversa, esclarece que os guaranis nunca andaram nus. Mesmo nos tempos antigos, usavam uma tanga. Mas não era só isso que os diferenciava dos tupinambás. Os guaranis não eram guerreiros como eles, e até hoje tudo o que querem é viver em paz — "o guarani só quer respeitar um ao outro" —, em terras em que possam tirar o seu sustento.

— Deram as piores para vocês, não?

— Deram nada. Para demarcar estas, teve muita conversa. Sei que tem muito branco que vê o sofrimento do povo indígena, mas tem muito mais que fala mal dos índios, diz que índio é preguiçoso, não trabalha. Até pra conseguir uma reserva ruim assim é difícil, porque muitos vão contra, pra que índio quer terra? Pra não trabalhar? Falam até que nós não somos mais índios, somos mestiços, só que não existe mestiço, assim filho de índio com branca e de índia com branco, aqui na aldeia não tem. É tudo índio mesmo. Pra ter essa área foi muito difícil, precisou de muita falação nas reuniões com os brancos. Aqui, o terreno é alto, tem muito morro, não dá pra fazer uma lavoura. Só é bom para cana e mandioca, essas coisas dão melhorzinho. O resto tem que comprar lá fora.

— Como vocês conseguem dinheiro?

— Com a venda de artesanato, de uns dez anos pra cá.

— Os índios daqui caçam e pescam?

— Sempre temos o costume de pegar os bichos na armadilha de laço num tronco de madeira, nos trilhos deles. Pesca não tem. Porque rio que dá peixe aqui não tem. Nós temos um açude com criação de peixe pra mostrar às crianças. O cacique pega o peixe na flecha pra mostrar pra elas como se faz.

— E serve para a alimentação?

— Serve. Mas a criação é mais pras crianças saberem o que é peixe.

O índio Kuaray passou a se chamar Luís "porque alguns nomes guaranis são difíceis de explicar e os brancos sempre querem saber o que significam".

— Todos aqui falam português?

— Não, só os homens. As crianças e as mulheres não saem da aldeia. Não têm interesse em aprender. As mulheres não precisam trabalhar fora, como empregadas dos brancos.

Kuaray tem consciência de que o índio não pode ficar isolado. A aldeia dispõe de computador, "para aprender as coisas dos brancos", escola, televisão, telefone celular, médico uma vez por semana, motorista.

— Logo acho que vamos ter uma viatura, pra ajudar à comunidade.

A questão da terra, porém, é o item principal em sua pauta de reivindicações.

— Os índios são os primeiros daqui. Onde existe comunidade indígena, tem que ter área demarcada, para não haver problemas de invasão. Nessa parte o governo tem sempre que dar garantia.

Outras preocupações: preservação da sua cultura, a começar pela escola diferenciada, de guarani. E as doenças, que classifica em duas categorias. As de fora, tratadas através da panaceia indígena milenar de chás de cascas de madeira, folhas e ervas, ou com os remédios dos brancos, e as espirituais. Define a segunda categoria como "a da alma da pessoa que não está satisfeita com este mundo", o que leva à tristeza, à depressão. Embutida nesta preocupação está o alcoolismo. Quando um índio vai à cidade e volta bêbado, toda a aldeia adoece espiritualmente, dando muito trabalho ao pajé. Às vezes há quem morra de doença espiritual. Ou quem enlouqueça. Como o filho do cacique Viramirim, que neste momento está em tratamento psicológico, aqui mesmo. Sigmund Freud subindo a Serra da Bocaina é outra novidade da aldeia, além de uma antena parabólica.

— O senhor falou das tristezas. E a alegria?

— A alegria da tribo é quando está com a saúde boa, trabalhando junto, como aqueles ali, na construção da casa de reza.

— Reza de branco?

— Não. Reza de índio. O importante é toda a tribo se reunir, mesmo com a falta de tudo. A mesma coisa que há em toda a nação, que não deixa ninguém alegre.

Ao trocar os índios da História pelos de hoje, você acabou se esquecendo de Cunhambebe. Saberia o vice-cacique Kuaray quem foi ele?

— Eu sei que Cunhambebe foi um grande líder, muito forte, o mais famoso aqui na região. Mas não me aprofundei muito sobre ele. Parece que não teve sossego, até a morte. Ele dominava de Angra dos Reis até Mangaratiba. No Rio de Janeiro, que tinha 17 aldeias, já era outro chefe, que não sei o nome.

— Foi outro grande líder, que se chamava Aimberê. E a Confederação dos Tamoios, sabe o que foi?

— Tamoios, não sei, é nome indígena ou português?

— É indígena. Significa o mais velho do lugar.

— Ah, é *tamõin*, o mais velho da tribo, o mais respeitado. Nós aqui chamamos de *nhanerãmoi*, nossos avós.

— Dizem que o velho povo, do tempo de Cunhambebe, chamava o criador do universo de Monan. Vocês também têm uma história da criação do mundo?

— Nós temos tudo. Deve haver 15 nações diferentes com língua, costumes, rezas, Deus... não, são nove agora. Quem criou o mundo foi um só Deus. Até hoje ainda existe. Nome em português eu não sei.

— E em guarani?

— Nhanderu Tenondegua. Nome grande.

— No tempo dos tupinambás, Cunhambebe chamava os portugueses de ferozes, mentirosos, traidores e covardes. E vocês, como veem os brancos, hoje?

— Até hoje na memória indígena vem essa coisa, porque os brancos têm muita conversa e muita burocracia pra enrolar os outros. Toda nação com que você conversar vai dizer isso. Nós índios não temos nada disso. Se o líder diz que vai fazer alguma coisa, ele faz e pronto. Nosso costume é esse. É uma tradição.

Chovendo no molhado: dos milhões de índios que existiram antes, restaram uns gatos-pingados, confinados em reservas, sem a riqueza da fauna e da flora que já tiveram um dia. De calças *jeans*, camiseta e chinelos de dedo, vivem agora em outra guerra: a dos gabinetes governamentais, onde tentam garantir seus usos e costumes, a sobrevivência e, naturalmente, a preservação da espécie. São diferentes de nós e só querem ser o que sempre foram. O que os brancos jamais quiseram entender.

Em frente, serra abaixo.

Antes, porém, uma paradinha para dois dedos de prosa com o cacique Viramirim, ou João da Silva, que está vindo logo atrás, acompanhado de uma enfermeira, que veio cuidar do filho dele, o "doente espiritual".

— Cunhambebe? Nome nosso. Cunhambebe quer dizer mulherada.

Mais um significado do nome dele para a sua lista. O cacique Viramirim, um velho miudinho de fala rápida, abre os braços para a amplidão, com um entusiasmo de criança:

— Ele mandava nisso tudo aí. Veio pra cá quando o povo dele foi expulso de Porto Seguro, na Bahia. Grande líder.

Da serra ao mar. Agora, sim. Refeita a pirambeira da reserva guarani, nas canelas, o pontual Piauí conduzirá a tropa a uma planície onde as marcas dos silvícolas foram encobertas pela ação do tempo, o asfalto, as pedras das ruas, e por casas construídas com material comprado numa loja chamada Cunhambebe, o que quer dizer que se foram os rastros mas ficou o nome do homem, o grande nome tupinambá, brilhando ao sol em fachadas e placas. Finalmente há um lugar neste país, neste estado, neste município, onde o nome dele parece tão conhecido quanto a logomarca da Coca-Cola. Agora, Coca-Cola todo mundo sabe o que é. E Cunhambebe, saberão direito quem ele foi?

Por enquanto, sabe-se que é o nome de uma loja de material de construção, de uma escola, de uma rua, de uma ilha, de um distrito. O lugar se chama Frade, graças a uma lenda sobre um capuchinho que queria catequizar os índios e foi devorado num morro, que passou a ter a forma de um frade deitado. Agora, o canibal e o cristão convivem na santa paz dos mortos. Tanto que há quem chame o Frade de Vila de Cunhambebe, como a senhora Maria Salvadora, diretora da escola cujo nome homenageia o cacique. A vila tem cerca de 10 mil habitantes. E a escola, 57 professores e 1.300 alunos, até a 8ª série. Em seu gabinete atulhado de pastas e livros, dona Salvadora tira um quadro da parede. Há nele um texto datilografado, protegido por um vidro. Embora a intenção desse texto seja a de exaltar a figura de Cunhambebe, o que se lê é uma mistura de alhos com bugalhos: 1º) Cunhambebe lutou contra as invasões francesas, tendo sido sua participação decisiva para a expulsão dos invasores. 2º) O prisioneiro Hans Staden foi um presente de casamento mandado para um de seus filhos pelo cacique de Bertioga. 3º) Hans Staden foi poupado de ser comido por ser um elemento útil, devido aos seus conhecimentos e por falar o dialeto da tribo. 4º) Cunhambebe teria sido batizado por Anchieta.

Eta samba dos historiadores doidos, você pensa, exasperado. E diz, como se estivesse pensando em voz alta:

— O Cunhambebe que conheceu Anchieta foi o filho do cacique que dá nome a esta escola. O jovem Cunhambebe conviveu com o jesuíta durante as negociações de um acordo de paz entre tamoios e portugueses. Quanto à história do batismo (do filho, e não do pai), pode ser pura ficção, tanto quanto tudo o mais que está escrito aqui. Por exemplo: Cunhambebe era o índio amigo dos franceses. Quem os expulsou foi o português Mem de Sá.

Constrangida, Dona Salvadora se desculpa:

— Este quadro está aqui há muito tempo. Foi um pessoal antigo da prefeitura que escreveu isso.

Águas passadas. Délcio Bernardo se apressa em fazer a correção, trocando o papel antigo por um novo. Dona Salvadora se queixa das confusões históricas:

— Ninguém conseguiu descobrir ainda o dia, mês e ano em que Cunhambebe nasceu.

Pacientemente, Délcio esclarece:

— Como a senhora sabe, os índios não tinham escrita. Contavam o tempo por luas. Mas já instituímos uma data para ele: 17 de agosto. É o dia do Patrimônio Histórico, que passou a ser também o dia de Cunhambebe.

A missão à Escola Municipal Cacique Cunhambebe (ou Cuñabebe, como está escrito na fachada) chega ao fim. Agora, ao mar, ao verde mar dos bravios tupinambás. É logo ali, quase em linha reta, rodando por trilhas de paralelepípedos em brasa. E no mar o que não falta é ilha, mas qual será a de Cunhambebe?

— É aquela ali — diz um garoto, apontando para a primeira delas, a poucos metros da praia, e totalmente ocupada por uma floresta.

— E quem foi Cunhambebe?

— Não sei direito, não. Acho que foi um índio, não foi? — o garoto sorri, meio sem graça e vai andando. Bom, já é alguma referência, você se consola, enquanto dá uma olhada em volta. Toda a planície, entre o mar e a montanha, está atulhada de casas que foram assentadas sobre as trilhas tupinambás por aqui. Na Vila de Cunhambebe, uma selva de concreto e alvenaria, é impossível imaginar em que lugar exatamente ele foi enterrado. E que importância tem isso, a esta altura da peleja?

Os outros reclamam. Todos estão famintos. Você não? Está fazendo greve de fome, que nem o Cunhambebe, quando não tinha um português para devorar?

Peleja mesmo ia acontecer na volta a Angra. Délcio Bernardo cismou de tirar a limpo uma dúvida. Por que o lugar que todo mundo conhecia como Frade também era chamado de Vila de Cunhambebe? Teria um nome antigo e um novo?

Você aventa uma possibilidade:

— Vai ver, um é o nome dos brancos, o outro dos índios. O sacro e o profano, o erudito e o popular, cristão *versus* canibal. Tudo como dantes.

— Vamos averiguar.

E aí inicia-se uma peregrinação, que iria resultar tão penosa quanto a subida da Serra da Bocaina.

Primeiro: o departamento de arrecadação de impostos territoriais e urbanos. Uma moça diz que ali é impossível saber o que ele queria. Que tentasse o cartório do 1º ofício. Ela ajuda um pouquinho, ao dizer que no município de Angra havia uma certa confusão quanto aos nomes dos lugares. Portobello, por exemplo, só era chamado pelo povo de Caracutaia.

— Mas você sabe quem foi Cunhambebe, não sabe?

— Não, não sei. Quem foi?

— Um moreno que nem você.

Na repartição indicada pela moça, uma senhora custa a entender o problema (a coisa começava mesmo a ficar problemática). Depois de muita conversa, e de muito apelo ("por favor, por favor"), ela vai ao computador, digita um código qualquer, depois volta.

— Talvez no cartório do 2º ofício vocês descubram isso. Aqui não há como saber.

Subida por uma rua íngreme. O sol continua de lascar.

— Mais uma pirambeira como a da reserva dos guaranis? Não vou aguentar — diz você.

Délcio não acha a menor graça nisso. Está começando a ficar furioso.

Outro cartório. Outra atendente. Outra vez o mesmo pedido de verificação para saber se o Frade é o Frade ou Vila de Cunhambebe. Ela indica uma porta e uma escada.

— Procurem o Renato no primeiro andar.

Na escada, vocês se entreolham, esperançosos. Finalmente uma pista. Renato! Grande Renato!

Chegam a um balcão e chamam por ele.

E tocam a explicar tudo de novo. Pela cara que ele faz, parece que vocês estão falando em dialeto de uma tribo há séculos exterminada. Tenta encerrar o assunto, secamente:

— Procurem o cartório do 1º ofício.

— Mas foi de lá que nos mandaram pra cá.

— E quem mandou vocês procurarem por mim?

— A moça da recepção.

Ele vai ao telefone. Disca para a recepcionista:

— Estão aqui dois senhores dizendo que você mandou que me procurassem. Eles explicaram bem o que querem? E por que você mandou me procurarem? Como? Você está maluca?

Bateu o telefone, furiosamente. "Deve ser o rola-grossa, o cacique do cartório", você pensa. "Não tem tempo a perder com essa conversa, que para ele está parecendo coisa de quem não tem o que fazer." Mas é o Délcio, até aqui pacientíssimo, quem perde a esportiva:

— Este cartório não tem o registro das propriedades do município? Então deve ter os dos nomes oficiais das vilas. Porra, custa alguma coisa você verificar isto?

Esforçando-se para dar uma resposta em tom civilizado, ele, o que no princípio parecia ser o grande Renato, o salvador da pátria, diz:

— Me dê o nome de alguém que tenha uma propriedade, que eu lhe direi onde ela fica. Mais que isto não dá pra dizer. O que você quer saber está nos registros da prefeitura.

Essas delongas de repartição em repartição poderiam levá-lo a pensar na Rússia do tempo de Gogol ou na Praga de Franz Kafka. Mas não. Agora você sabe que não é preciso ir tão longe para entender o que significa a herança cartorial que os portugueses legaram a este país. Basta lembrar as palavras do vice-cacique Kuaray, hoje de manhã: "Os brancos têm muita conversa e muita burocracia pra enrolar os outros." E para enrolar uns aos outros, índio amigo.

Pernas para a Secretaria Municipal de Planejamento. (E tome sol na moleira). Sobe andar, desce escada. Puxam-se arquivos, abrem-se pastas. Muita gente acaba por se reunir em torno de uma simples pergunta, numa sala atulhada de estantes, mesas e armários. Conclusão: os livros oficiais não registram nenhuma Vila de Cunhambebe. Ao final da peleja, porém, o placar acabou favorável ao Canibal. Ele ganhou uma área imensa, o 4º distrito de Angra dos Reis, no qual está a vila do frade canibalizado. Essa partilha, ainda que meramente simbólica, não terá levado os cristãos a considerá-la uma heresia? Tenham essas terras os nomes que tenham, o que importa são os registros nos cartórios. O resto é história, uma história que, por ser desconhecida, ignorada, não perturba o sono de ninguém.

— Mas que batalha, hein, Délcio? Por alguns momentos cheguei a me preocupar, achando que era você quem ia parir hoje. Por falar nisso, e se a criança nasceu enquanto rodávamos por aí?

— Ontem à noite levei minha mulher ao médico. Ainda vai demorar uns dias, fique tranquilo. E cuide do seu próprio parto, que já percebi que não vai ser fácil. Como você viu, ainda está tudo por descobrir, por conhecer.

— Pode crer.

No ônibus de volta, que pode não ser o mesmo da vinda mas parece igual, você tentará recapitular uma questão pendente, se é que não ficou clara em seu relato: as novas invasões. Você não está pensando apenas no tempo dos portugueses e dos piratas de variada procedência. É no pós-tudo, incluindo-se aí o apocalipse. Quem sabe o mundo já acabou faz tempo e você vagueia por ele como mais uma alma martirizada de um ancestral do planeta, como o poeta que falava dos "martirizados do tempo", um certo Charles Baudelaire... Tão francês quanto o brioche, o champanhe, o *cancan*, os piratas, o Chanel n. 5 e o descuido de um banho. Mas uma criança está para nascer, vai ser menina, você já sabe, e a filha do Délcio não será a única que nascerá hoje, amanhã, pela vida afora. Então o mundo, esse mundo que você conhece desde que se tornou gente, ainda não acabou, o que até contraria as mais tenebrosas profecias. O que acabou foi o mundo dos guerreiros tupinambás e de outros da mesma espécie. Você está vivo, sim senhor. Belisque-se e sinta isso. Não é nenhum guerreiro, vá lá. Qual é o problema? Seu tempo é outro. Nem por isso deixe de ficar atento. Esta estrada tem muitas curvas. Está cheia de perigos.

O ônibus para nos estaleiros da Verolme. Agora você se lembra do capítulo "Invasões". Este tem quatro cenários: um estaleiro originalmente de procedência holandesa, um terminal marítimo da Petrobras, por enquanto ainda uma empresa genuinamente nacional, um porto aberto ao mundo e uma usina nuclear de patente alemã, embora as câmeras prefiram focalizar os *sets* do milionário *jet set*, nas ilhas e recantos pouco visíveis, para quem viaja de ônibus. Nas estradas que o levaram da serra ao mar, dentro do carro você perguntou ao motorista e passageiros:

— E as novas invasões?

— São as dos pobres — disseram eles. — Os que vêm de tudo quanto é parte para trabalhar em obras temporárias (na Verolme, Petrobras, usina nuclear) e, ao final de seus contratos, decidem não voltar aos seus lugares de origem. As ofertas de trabalho os atraem. Depois ficam por aí, subindo morro e favelizando a cidade, sem saber o que fazer de suas vidas. Uma história igual à das ilhas de Angra, que se repetem, se repetem, se repetem.

Meu querido Canibal: você não dominava a escrita, nem conheceu a roda. Jamais iria sequer sonhar com as descobertas tecnológicas deste mundo. Viveu na era da pedra polida, o que já foi um avanço em relação à pedra lascada. Mas ainda pequeno, perto dos que iriam sacudir o planeta. Certo, chegou a conhecer a pólvora, que lhe chamuscou a pele e foi empregada na dizimação do seu povo. Pena que não viveu para conhecer tudo o que a ela se sucedeu, numa escalada que não tem mais fim. O mundo virou um *show* fantástico, inimaginável à sua época, com conquistas extraordinárias para o conforto, o bem-estar e o desenvolvimento do homem. Isso, sem se falar do futebol, do carnaval, que vocês iniciaram em seus rituais canibalísticos e que se tornou o maior espetáculo da Terra. Este território continua um paraíso para os negócios e os negociantes, incluindo-se nisso os do turismo sexual — *sex, sun and sea* é o lema desse ramo de atividade —, e que funciona em bases industriais, o que deixaria os seus predecessores franceses dos anos 500 de queixo caído. Com tudo isso, você ainda pode se vangloriar de uma coisa: no seu tempo não havia desemprego, fome, miséria, favela. Tá bom, porrada tinha. Mas isso hoje também é o que não falta.

Ponto final. Calor, cansaço e um rápido cochilo, com toda *a consequência de se estar maldisposto.* Desperte e cante. Ou melhor: desça do ônibus calmamente, desvencilhe-se da multidão na rodoviária, pegue uma condução para casa e pronto. Mas nada de gritar: "PERÓS!" Vão pensar que você ficou maluco.

6

Ó, pá!

Era uma vez um português. E era uma autoridade de Lisboa, figura de truz. Passou-se isto dia destes, para falar a verdade. Ao desembarcar no Rio de Janeiro, em missão oficial, Sua Excelência declarou à imprensa, com todos os esses e erres:

— Não vamos discutir a História. Isto será perda de tempo.

Assim de bate-pronto, peremptoriamente, a declaração lembrava o tempo dos jesuítas com uma espada numa mão e uma cruz na outra, a serviço d'el-rey. Ninguém parou para pensar nisso, porém.

Ora, pois, pois. Perda de tempo para quem, cara-pálida?

Conta outra, ó pá.

LEITURAS CANIBALIZADAS

A guerra dos tamoios, de Aylton Quintiliano; *Terra de Santa Cruz*, de Viriato Corrêa; *Memórias de Angra dos Reis*, de Camil Capaz; *Aparência do Rio de Janeiro*, de Gastão Cruls; *A descoberta do homem e do mundo*, organização de Adauto Novaes (principalmente os capítulos "A outra conquista: os huguenotes no Brasil", de Frank Lestringant; "Profecias e tempo do fim", de Marilena Chauí, e "Cristãos-novos, judeus portugueses e o mundo moderno", de António Borges Coelho.); "A construção do Brasil", de Jorge Couto; "As singularidades da França Antártica", de André Thevet; *A verdadeira história dos selvagens...*, de Hans Staden; *O Rio de Janeiro no tempo dos vice-reis*, de Luiz Edmundo; *Casa-grande & senzala*, de Gilberto Freyre; *Rio de Janeiro, plano, plantas e aparências*, de Donato Mello Júnior; *Revisão criminal: o assassinato de Du Clerc*, de Paulo Rangel; *Viagem à Terra do Brasil*, de Jean de Léry; *Heróis indígenas do Brasil*, de Geraldo Gustavo de Almeida; *Os franceses no Rio de Janeiro*, do general Tasso Fragoso; *Biblioteca Nacional — 1807/1990*, de Gilberto Vilar de Carvalho; *História das ruas do Rio de Janeiro*, de Brasil Gerson, *A terra dos mil povos*, de Kaka Werá Jecupe; *Antes o mundo não existia*, de Umúsin Panlõn Kumu e Tolamãn Kenhíri; "Sobre gestos, equívocos e uma carta", artigo de Silviano Santiago, publicado no Caderno Ideias, do *Jornal do Brasil* (7.8.99.)

E mais. "O pau comeu, o pau comeu..." é de uma música de Gabriel Moura e Antônio Pedro, para a peça teatral O *incrível encontro dos nobres tupinambás com os bárbaros europeus*, uma criação coletiva apresentada na Fundição Progresso, no Rio de Janeiro, nos anos de 1999 e 2000.

Também foram "canibalizados": Norman Mailer (o de *Canibais e cristãos*), Fernando Pessoa, Shakespeare, William Faulkner, Scott Fitzgerald ("Anos vulneráveis"), Vinicius de Moraes, Chico Buarque, Charles Baudelaire, Guimarães Rosa, Gregório de Matos ("Ainda vos restam vestígios, desse tempo, dessa idade"; toda vez que a palavra "vestígio" é usada, trata-se de uma *canibalização* disto), Sônia Nolasco (*Moreno como vocês*) etc. E, por ter tudo a ver com o tema, o filme *Como era gostoso o meu francês*, de Nelson Pereira dos Santos, com quem o autor deste livro conversou muito sobre o assunto.

Com as devidas desculpas pelos esquecimentos, que podem ser reclamados com o bispo Sardinha (que, aliás, não entrou nesta história).

AGRADECIMENTOS

Aos que, de uma maneira ou de outra, colaboraram para a realização deste livro:

Marta Lagarta — a autora de *O descobrimento da vaca*, uma história da epopeia tupinambá para crianças e de outros livros e espetáculos infantojuvenis, e que colaborou imensamente com material de pesquisa.

Solange Parvaux — pela viagem a Saint-Malo, a fortaleza dos piratas franceses. Ela aguentou firme ao volante de seu carro, numa longa jornada, atravessando a Normandia e adentrando a Bretanha, e retornando a Paris no mesmo dia. Todo esse esforço foi tão somente para que este autor conhecesse a cidadela do corsário do rei Luís XIV René Duguay-Trouin, o homem que fez o primeiro sequestro do Rio de Janeiro: o da própria cidade. Grande Solange!

Não menos merecedores de agradecimentos são: Anselmo Vasconcelos, Gisela Campos, Fernanda Bicalho, Alcione Araújo, José Alvarez Rodriguez, o Pepe, Ildázio Tavares, Andrea Direito, Joel Rufino dos Santos, Sílvia Porto Alegre, Luiz Alfredo Fialho, Ruth Monserrat, Alexandre Moneró, Ruy Tapioca, José Mário Pereira, Idalino Cavalcanti, Alexandre Kahtalian, Clóvis Brigagão, Felipe Azevedo, Orlando Sena, Márcia Carrilho, José Pedro Horta os alunos da oficina literária da Uerj — turma de 1999 —, Teresa Barbiéri e Ítalo Moriconi.

Vai aqui um agradecimento especial para os amigos de Angra dos Reis, que acabaram se tornando personagens desta história: Fábio Iarede, Délcio Bernardo, Humberto Pereira da Silva, o Piauí, Rafael Ribeiro, Noelia e Glauter Barros. Sem a ajuda de todos aí, certamente a realização deste trabalho não teria sido possível.

Este livro foi composto na tipologia Goudy Old
Style, em corpo 11/15, e impresso em papel
off-white 80g/m² Sistema Digital Instant Duplex
da Divisão Gráfica da Distribuidora Record.